Antje Hempel

Zwei Jahre Am Eichenbaum

Antje Hempel

Zwei Jahre Am Eichenbaum

Alltagsgeschichten einer werdenden Großfamilie

Familienbande

Impressum / Imprint
Bibliografische Information der Deutschen Nationalbibliothek: Die Deutsche Nationalbibliothek verzeichnet diese Publikation in der Deutschen Nationalbibliografie; detaillierte bibliografische Daten sind im Internet über http://dnb.d-nb.de abrufbar.

Bibliographic information published by the Deutsche Nationalbibliothek: The Deutsche Nationalbibliothek lists this publication in the Deutsche Nationalbibliografie; detailed bibliographic data are available in the Internet at http://dnb.d-nb.de.

Coverbild / Cover image: www.ingimage.com

Verlag / Publisher:
Familienbande
ist ein Imprint der / is a trademark of
OmniScriptum GmbH & Co. KG
Heinrich-Böcking-Str. 6-8, 66121 Saarbrücken, Deutschland / Germany
Email: info@verlag-familienbande.de

Herstellung: siehe letzte Seite /
Printed at: see last page
ISBN: 978-3-639-62006-1

Inhaltsverzeichnis

ÜBER UNS

Wir, die Hempels, wohnen seit Anfang 2006 in einem alten Fachwerkhaus im Wald auf einer Lichtung.

In unserem Garten, eigentlich eine Waldwiese, wächst seit 250 Jahren eine alte Eiche- Kraftspenderin unserer Familie, Mittelpunkt des Geschehens und Namensgeberin meines Blogs.

Ich, Antje... noch irgendwas-mit-dreißig, Mama von Vieren, verheiratet, liebt Bäume und die Farbe Grün, typische Waage mit Aszendent Widder, zunehmend kritischer und dickköpfiger, Kind der 70er und 80er, mag Sätze die mit weißt-du-noch beginnen, schmiedet keine Pläne mehr ist aber nicht planlos, findet Kälte, Schnee und Regen doof, würde gerne barfuß durchs Gras gehen tritt aber ungern auf Insekten, Spinnenphobiker, Dunkelängstler, liebt sie aber hat sie nicht: Ordnung, chips- und kaffeesüchtig, kommt gerne zum Punkt trotz ausschweifender Gedanken, ist auch gerne mal mit sich alleine, Buchsammler, Stoffhorter, Ideenvergesser...

Zu unserer Familie gehören neben mir: Herr Hempel, Deetje, Theo, Wuschelkopf Mina und Nachtauge Greta. Und nicht zu vergessen: Katze Lilli und Hündin Lotta.

In einem früheren Leben Arzthelferin/Praxismanagerin, freue mich nun und bin auch sehr erstaunt, dass mir die Elternzeit die Gelegenheit gibt, alte Leidenschaften wieder zu entdecken bzw. Neue zu finden oder auch richtig neue Wege zu beschreiten. Und wenn ich nicht nähe, blogge, Kinder kutschiere und hüte, und dem unendlichen Haushalt hinterher jage, versuche ich noch unsere Bibliothek zu vergrößern, lese meistens 3 Bücher auf einmal und schlafe darüber ein.

17. Dezember 2011

Theo hat heute Morgen das fehlende Evolutionsteilchen gefunden!

Seine Erkenntnis lautete:

"Hasen haben keine Hundeschwänze wie Katzen!"

20. März 2012

Theo befand heute beim Mittagessen, dass die Schule ungerecht sei:

"Das ist unfair, die Stunden sind immer länger als die Pausen!"

06.April 2012

Kennt ihr Fischella?

Das hat Theo heute erfunden. Es gab zum Abendbrot Lachs und Garnelen in Knoblauch-Kräuter der Provence gebraten.

Theo hat den Lachs zusammen mit Nutella gegessen. Alles zusammen auf einer Gabel.

Das kann man mögen- muss man aber nicht.

24. Mai 2012

Bei Hempels.... Bäder und andere Unglücke

Nun melde ich mich nach aufregenden Tagen etwas privater zurück und mag von unseren letzten Tagen erzählen.

Ich fange mit etwas Schönem an. Am Sonntag hatte unser Theo Geburtstag. Nun ist unser "Heinzchen " schon ganze 7 Jahre alt. Er war ganz aufgeregt, hat die Tage und Nächte und Stunden gezählt. Sich seine Benjamin-Blümchen-Torte gewünscht. Das Haus durchsucht nach Geschenken. Sein Zimmer aufgeräumt. Die Freunde eingeladen. Die Party geplant.

Bei uns ist es Familientradition, dass jedes Familienmitglied morgens mit einem laut und falsch geschmettertem "Happdy Börsday" geweckt wird- im Falle von Theo schon morgens um 7 Uhr am Wochenende!

Dann wird das Geburtstagskind zum Geburtstagstisch mit Girlande, Torte, Geschenken, Kerze und Geburtstagsmusik begleitet - und die Party beginnt! Die liebe Familie aus dem fernen Sachsenlande wollte unserem Theo eine

Geburtstagsfreude machen. Er wünschte sich schon so lange die Erdmänner von Playmobil.

Am Samstag kam das Paket nun an. Und ihr Lieben ich sag euch, gut, dass ich das Teil aufgemacht und schon reingeschaut habe. Und was war darin?

Von Erdmännern keine Spur...ein Nintendo in Vollausstattung! Der Lieferschein war aber korrekt. Ein Nintendo sollte aber nie ins Haus kommen. Nun war es da, einfach so. Also, habe ich das Paket zugemacht, Rücksprache gehalten und zurückgeschickt. Heute kamen sie an, die Erdmänner und ein Motorrad zum Zusammenbauen- und unser Theo war glücklich und durfte bauen bis es dunkel wurde und die Zubettgehenszeit schon lange vorbei war.

Das wird wohl vorerst die letzte Party gewesen sein, denn seit 2 Wochen zeichnet es sich ab, dass wir im Haus ein größeres Problem haben.

Schon als Anfang des Jahres die Abrechnungen von Wasser und Strom hereinkamen und nach kurzer Zeit schon wieder Öl nachgeordert werden musste- hatte Herr Hempel mich im Verdacht, dass ich am Tag 20 Waschmaschinen laufen ließ, alle mir zur Verfügung stehenden elektrischen Geräte jeden Tag pausenlos benutze und bei offenen Fenster die Heizung volle Pulle aufdrehe....

Der Verbrauch war explodiert...

Vor 2 Wochen haben wir festgestellt, dass aus unserem Feldsteinfundament zur Badseite hin das Wasser regelrecht rauslief und die Backsteinmauer immer feuchter wurde. Experten stellten ein Rohrproblem im Bad fest und gestern wurde nun unser Badboden endlich geöffnet.

We're running
So Fast

Tja, nach der Eröffnung sprudelte das Heißwasser gut 10 cm in die Höhe... Da ist es jetzt im Nachhinein nicht mehr verwunderlich, dass uns die Energiekosten entglitten sind. Das Fundament ist komplett durchfeuchtet, kann aber aufgrund der Baubeschaffenheit und Lage des betroffenen Rohres unter allen wichtigen Schichten von selbst langsam abtrocknen.

Während unser fleißiger Handwerker von meinem Mann mit Rat und Tat unterstützt wurde und Mina am Vormittag durch die Hitze viel schlief, habe ich die Gelegenheit genutzt und mich an meine Nähmaschine gesetzt.

Spontan habe ich mich an einer Pumphose für Mina versucht, nach einem Freebook aus dem WWW.

Da die Größe 86 war und Minchen aber erst 64 cm lang ist, habe ich ohne Nahtzugaben zugeschnitten und nur füßchenbreit abgesteppt. Ich bin davon ausgegangen, dass die Büx dann immer noch reichlich ist....

Umpf... ich muss da echt verpeilt gewesen sein... schon allein beim Zuschnitt... am Po stehen die Vögel auf dem Kopf. Was man nicht sieht, wenn Mina auf dem Rücken liegt und sich ihre Füße von ganz Dichtem beguckt...

Was ich mit den Bündchen angestellt habe, zum ersten Mal übrigens, kann ich einfach nicht berichten... es ist zu furchtbar!

Edit: Der Boden unseres Anbaus, in dem sich das Bad befindet, konnte eben nicht von selbst abtrocknen. Das Problem hatte sich verschärft. Ein weiterer Gutachter stellte fest, dass das gesamte Fundament so dermaßen feucht war, das ein kompletter Abriss im Raum stand. Glücklicherweise hat der Versuch einer achtwöchigen Trocknungsphase mit Trocknungsgeräten dies abwenden können.

Im Laufe der nächsten Monate haben wir das Bad mit Hilfe meines Vaters komplett entkernt und neu aufgebaut und auch das Fundament saniert. Unser Heizungskessel mit dem Wahnsinnsverbrauch stellte sich inzwischen als „kaputtgewartet“ heraus und musste aufwendig teilersetzt werden. Letztlich haben wir bis zum Mai 2013 auf einer Baustelle gelebt...

1. Juni 2012

Erste Klassenfahrt

Letzte Woche habe ich es ja kurz angedeutet - unsere Deetje war das erste Mal auf Klassenfahrt. Ziel war die schöne Halbinsel Darß, Ort Zingst.

Sie war schon ganz lange, ganz aufgeregt- hat schon Tage im Voraus ihre Sachen alleine gepackt, wollte schon Tage vorher den Koffer in den Flur stellen.

Sie vergewisserte sich, dass wir auf keinen Fall verschlafen würden- Treffzeit 8.oo Uhr - das Wecken um 5.30 Uhr habe ich dann doch abgeschmettert....

Trotzdem- sie stand am Tag der Klassenfahrt um halb 6 Uhr fertig angezogen an meinem Bett.

Dann stand sie wie versteinert im Flur und hielt den Koffer fest.... Bei 26° Grad hatte sie eine dicke Jeans, feste Schuhe und eine Wetterjacke an, da es auf der Boddenrundfahrt ja kühl sein könnte...

Ich war froh, als sie endlich bei ihrer Klasse war und sichtlich entspannte... in Sommersachen.

Fast 4 Tage ohne unsere Deetje! Sie hat uns, also Herrn Hempel und mir, unheimlich gefehlt. Theo fand das Leben ohne seine große Schwester himmlisch.

Am letzten Abend hatte das Kind Kummer - der Koffer ging nicht auf, das Zahlenschloss wurde verstellt und ... und ... und... überhaupt sei alles ganz sch...schlimm... sie möchte sofort nach Hause, sie vermisst uns... den Koffer lässt sie nicht aufbrechen... es sei ihrer... ihr erster Koffer... und schließlich war es ja die erste Klassenfahrt und dann sowas...

Hach, das Problem ließ sich lösen ohne Koffer-aufbrechen... ich musste dann nicht mehr kommen und sie holen...

Und am nächsten Tag kam ENDLICH unser großes Kind und im Briefkasten war diese wundervolle Karte:

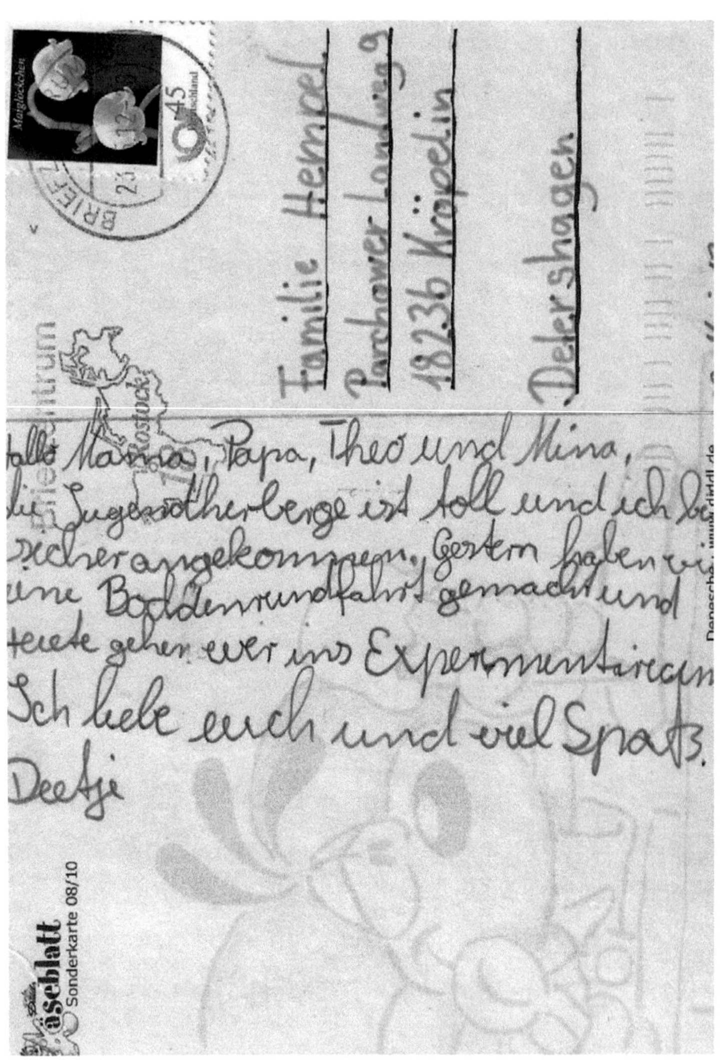
Familie Hempel
Parchower Landweg 9
18236 Kröpelin
Detershagen

Hallo Mama, Papa, Theo und Mina,
die Jugendherberge ist toll und ich bi
sicher angekommen. Gestern haben wi
eine Boddenrundfahrt gemacht und
heute gehen wir ins Experimentarium
Ich liebe euch und viel Spaß.
Deetje

05. Juni 2012

Geschwisterliebe

Theo und Mina- die Beiden mögen sich wirklich sehr. Während Mina in Deetje eine Schwester zum Kuscheln und Tragen und Behüten gefunden hat, hat sie mit Theo einen Bruder der sie zum Lachen bringt.

Kein Lächeln, kein Grinsen und kein Kicksen- nein, ein tiefes lautes Lachen aus dem Bauch heraus...

Wenn Theo und Mina lachen, ist die Welt ein wenig Bunter, die Sonne scheint ein wenig heller und für einen Augenblick, während ich nicht anders kann und laut mit lachen muss, bin ich ganz bei mir, bei meiner Familie und nichts Anderes ist mehr wichtig.

Heute Abend wollte Theo, dass Mina bei ihm übernachtet:

Sie hat den besten Platz im Bett bekommen, er hat ihr eine Geschichte vorgelesen und die Bilder gezeigt. Und als Beide zugedeckt und eingekuschelt lagen, durfte ich noch ein Foto machen.

Das Licht habe ich dann gelöscht und da war es wieder:

DAS LACHEN... und auf einmal schien die Abendsonne wieder und der Regen war weg...

1. Juli 2012

Urlaubsstimmung

Die Hempelei hat Urlaub. Ich ja sowieso durch die Babyzeit und die beiden großen Kinder durch die Ferien. Nun hat auch unser liebster Herr Hempel endlich seinen Urlaub genommen und Firma mal Firma sein lassen.

Sonst sind wir ja immer verreist, haben Koffer gepackt, die Tiere verbracht und sind mit Auto und Flugzeug in die weite Welt aufgebrochen. ABER dieses Jahr ist alles anders. Wir bleiben zu Hause.

Einen wunderbaren zu-Hause-Urlaub-Auftakt hatten wir am Samstag.

Wir sind einer Einladung gefolgt und haben an der "Gartenlaube 2012" im Herrenhaus Vogelsang bei Lalendorf teilgenommen.

Es war so schön, wir fühlten uns wie Gäste auf unserer eigenen Midsommarparty.

Wir haben unser Auto vollgepackt, Hund Lotta und Katze Lilli gebeten schön aufzupassen und sind mit guter Laune eine Stunde durch Mecklenburg Vorpommern Richtung Teterow gereist.

Angekommen sind wir völlig baff gewesen über diesen idyllischen Ort, haben uns sofort wohlgefühlt, einen Platz gesucht und uns für die nächsten Stunden dort breit gemacht.

Wir haben das Herrenhaus erkundet und ganz viele Fotos gemacht, wobei Theo mit 138 Bildern eindeutig der Spitzenreiter war.

Wir haben es genossen zusammen zu sein und ließen uns Freiraum. Zumeist waren die Kinder alleine unterwegs und kamen dann völlig verändert wieder. Vielleicht lag es an den okkulten Orten im Haus oder den geheimnisvollen Wesen, die dort umgingen…

Am Ende des Tages waren wir uns einig, nächstes Jahr dort wieder einen wundervollen Tag verbringen zu wollen. Deetje meinte, wenn die Kinder mal aus dem Haus sind, könne doch dieser Ort und dieses Fest unser Familientreffpunkt werden...

29. Juli 2012

gLYKKELIG

Ich bin ein wirklich glücklicher Mensch.

Das war leider nicht immer so. Noch vor wenigen Jahren rannte ich der Zeit hinterher, war bestrebt immer die Beste und Eifrigste zu sein. 100 % waren nicht genug, 110...120...% mussten es sein. Immer und überall. Ich habe alles geschafft, mehr und mehr und mehr. Und vor lauter Pflicht und Arbeit und MUSS habe ich das Leben, meine Familie, meine Mitte und mein Herz vergessen.

Ich wurde schmerzlich daran erinnert, dass alles endlich ist- vor allem die Kraft und die Liebe. Es gab und gibt aber in meinem Leben Menschen, die mir oft und auch unbewusst geholfen haben, durch ihre Art und ihr Sein meinen Weg zu finden.

Ich bin ein reicher Mensch- ganz sicher nicht an Geld und teuren Besitztümern, aber an wenigen guten Freunden und wieder an Kreativität- und ich habe eine Familie, das mit Abstand Wertvollste in meinem Leben.

Wenn ich wie am gestrigen Abend ganz allein für mich über den Fotos sitze, sie ordne, anschaue, mich erinnere, werde ich mir all dieser Dinge bewusst.

Wenn ich an meiner Nähmaschine sitze, sie rattern lasse und sich aus Stoffen neue Dinge formen, die anders sind, als ich sie mir erdacht habe, bin ich glücklich.

27. August 2012

Bei Hempels am Eichenbaum....

...wird es gelegentlich richtig aufregend.

Bevor ich erzähle, muss ich noch ein wenig weiter ausholen: Vor fast 7 Jahren haben wir dieses Haus gekauft und wussten nicht so sehr viel darüber.

Unser Fachwerkhaus wurde ca. 1870 für den Gärtner des Detershäger Guthauses gebaut und bis in die 80er Jahre auch von der Witwe des letzten Gärtners und einer weiteren Dame, Frau Sievert, bewohnt.

Gerüchte besagen, dass der letzte Gärtner den "Schatz" des Gutsherren von Storch 1945 in unserem Garten verbuddelt hat, um ihn in Sicherheit vor der anrückenden russischen Armee zu bringen. Bisher fanden wir allerdings nur Schutt, alte Türen und Gartengeräte.

Während des Gärtners Witwe den einen Teil des Hauses bewohnte und den Garten mit Holunder, Weißdorn und Kräutern pflegte, hütete Erzählungen zufolge eine Frau Sievert ihre unzähligen Katzen- was unserem Haus in den umliegenden Dörfern den Ruf eines Hexenhauses einbrachte.

Unser Haus wurde bis 1985 bewohnt und erst 1991 an Pastor Feldkamp verkauft, der das Haus bis auf eine OriginalFachwerkmauer abbaute und neu wieder aufbaute.

Und an diesem Sonnabend klopfte es nun an unsere Tür und vier fremde, ältere Menschen standen vor mir und stellten sich als Enkel von Frau Sievert vor. Für eine kleine Weile blieben sie, schauten sich um und schwelgten in Erinnerungen an ihre Kindheit, die sie bei der Oma verbrachten.

Und wir wissen nun, wo die Scheune stand, der Hühnerstall, das Plumpsklo (genau unter der Eiche).

In unserer Küche schliefen sie als Kinder, der unausgebaute Dachboden war spannend. Die alten Damen mussten mit einer Holzkiepe in den Wald zum Feuerholzholen und fließend Wasser gab es nicht im Haus- dieses wurde mit Eimern aus der Pumpe von der nebenliegenden Dorfschule geholt.

Ich glaube, dass es für uns Alle, die Enkel und auch für uns, glückliche Minuten waren. Das letzte Mal waren Frau Sieverts Enkel vor genau 20 Jahren hier zum Schauen, als sich das Haus entkernt und entseelt im Bau befand.

Und wir haben nun ein paar Gesichter und Erzählungen zum Haus.

8. September 2012

Hallo, Welt!

Ich bin´s, Mina! Seit heute bin ich 9 Monate alt.

Das Krabbeln und Stehen fällt mir immer leichter und meine Familie sagt, ich lache wie eine rostige Blechkanne.

"Richtiges" Essen aus dem Glas mag ich immer noch nicht, aber dafür stehe ich voll auf mein Laufgitter. Mama mag das nicht, wenn ich daran knabbere, aber das raspelt doch so schön! "Wie ein Hamster" sagen meine Geschwister.

Und sonst so? Nachts ist der Tag immer noch am Schönsten :)

Eure Mina

11. September 2012

Gute Nacht!

Unser Baby schläft jetzt! Über zwei Stunden hat Mina hier Party gemacht: laut gelacht, laut geweint und gekreischt, gekichert, die neuen Laute "daaa daaaa" in allen Tonlagen ausprobiert, an meinen Haaren gezogen, mich angeprustet und angesabbert, in meinen Schlafanzug gebissen, auf mir herum geklettert und drum herum gekrabbelt, fast vom Sofa gefallen, auf mir herumgelegen und wieder an meinen Haaren gezogen und bei "Kommt ein Mann die Treppe rauf" gekollert, meinen Mund untersucht, gestillt und dabei geguckt, ob keiner guckt, hingestellt und hingesetzt, an der SofaRückenLehne langgelaufen, stehend an meinem Rücken gelehnt und den Zopf untersucht, gehüpft, alles in mehrfachen Wiederholungen und an die Armlehne eingekuschelt....- dabei ENDLICH eingeschlafen.

19. September 2012

Von Hunden und Katzen und...Mäusen

Vielleicht hat es der Eine oder Andere ja schon gelesen, ansonsten erzähle ich an dieser Stelle noch einmal ganz kurz, dass zu unserer Familie nicht nur 3 Kinder und 2 Erwachsene zählen, sondern hier auch noch Katze Lilli und Hündin Lotta ihr Unwesen treiben.

Beide sind aktive und auch sehr erfolgreiche Mäusejäger. Während unsere Katze einfach ihre Pfote in unsere zahlreichen Mäuselöcher hält und sich ihre Beute heraus angelt, gräbt Lotti, wenn wir nicht aufpassen, ihr Mäusefutter einfach aus- mit metertiefen Löchern.

Warum ich euch das erzähle? Es ist Mäusezeit! Da wir quasi im Wald wohnen, leben wir mitten unter ihnen... Irgendwie schaffen sie es immer ins Haus.

Seit Tagen nun haben wir einen neuen Hausbewohner. Im Bad. Sie wurde mehrfach gesichtet, wie sie wild zwischen Bad und Küche hin und her huscht. Sie trotzt jeder Mausefalle und auch der Rattenfalle. Nimmt einfach den Käse herunter, huscht in die Küche und nascht am Katzenfutter, knabbert in der Nacht wild durch die Gegend... und glaubt ihr, DAS würde einen unserer Mäusejäger hier stören?

Die Eine liegt im Körbchen und hört sonst schon den Briefträger am anderen Ende des Dorfes und verbellt den, die Andere liegt in der Küche auf dem Stuhl und schläft- sonst ist ihr keine Ratte zu groß...

Also, mit uns wohnt seit Tagen schon eine dicke, flinke und überaus clevere Maus- und da wir nicht beabsichtigen die Wohngemeinschaft zu verlängern, haben wir jetzt eine Lebendfalle bestellt...

7. Oktober 2012

Hallo Welt!

Hier spricht Mina! Ich bin heute 10 Monate alt geworden.

Meine Welt wird immer größer. Nachdem Mama mein Zuhause kinderbabysicher gemacht hat, bin ich überall zu finden...

Am, unter und neben dem Tisch, Stuhl, Fernseher, Wäschekorb...am Katzenfutter (schmeckt), am Hundefutter (schmeckt), Zeitungsstapel (schmeckt auch)... und Mama hat sich die Haare gerauft und stellt nun alles hoch.

Aber keine Bange. Ich mag auch Leberwurstbrot, Käse, Brötchen, Schwedenessen, Pommes, Gyros, Rührei und immer noch am allerliebsten MAMA!

Hund Lotta ist auch toll, die lässt sich alles gefallen... Katze Lilli weiß ich nicht, denn die läuft immer weg...

Heute habe ich zwei neue Zimmer entdeckt... und zwar die von Theo und Deetje. Wow! So viele kleine Steine, Bücher und Dinge?

Schlafen ist völlig doof. Mittagsschlaf vielleicht mal ein Stündchen. Und obwohl ich ein eigenes schönes kleines Bettchen neben Mama habe, liege ich am liebsten zwischen meinem Papa und Mama in der Mitte des großen

Bettes. Papa sagt, ich schlafe wie Theo. Und der hat auch immer wie ein Osterhase geschlafen...

Und sonst? Ich habe ein Zöpfchen!

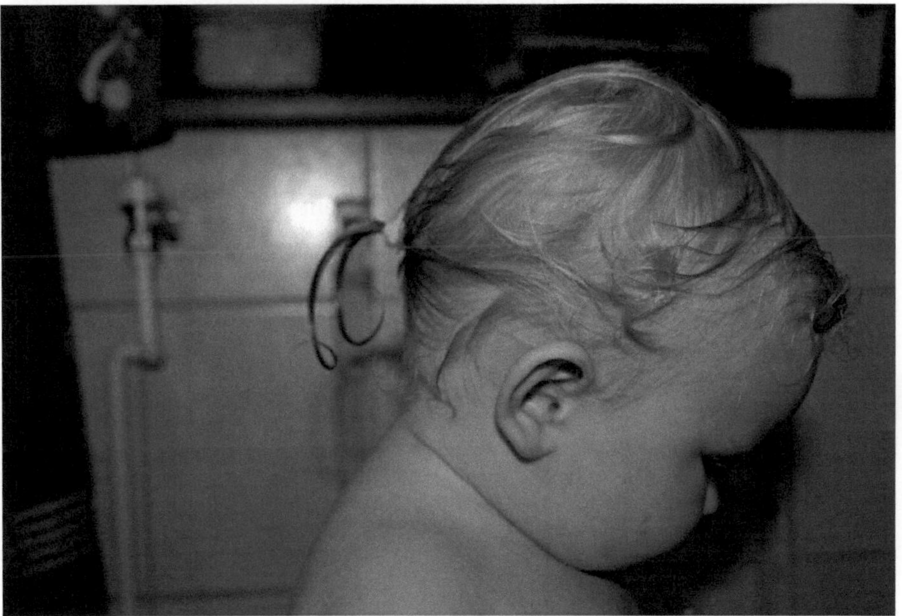

Liebe Grüße

Eure Mina

9. Oktober 2012

Brain-Maus?

Soll ich mal erzählen? Am 19.09.2012 hatte ich ja schon berichtet.

Also, die dicke, braune Maus lebt immer noch bei uns und macht des Nachts, quasi unter Katze Lillis Hintern, ihre nächtlichen Streifzüge durch unsere Küche. Eine Lebendfalle war nicht erfolgreich. Die Maus hat einfach drauf gesch-piep-sen, ähhh gekackert, und das war´s.

Lilli weiß, dass eine Maus in ihrem Haus lebt, geht ja schließlich regelmäßig unter dem Geschirrschrank und im Bad gucken. Wir haben nun den Eindruck gewonnen, dass Lilli meinen könnte, draußen-Mäuse sind eher Beute und drinnen-Mäuse Mitbewohner?

Nun ja, lange Rede kurzer Sinn: Vorgestern Nacht war das Geknabber wieder einmal besonders heftig. Gestern haben wir noch einmal eine Mausefalle mit einem besonders großen Stück Käse ausgelegt.

Da der Käse ja sonst immer runter geklaut worden ist, hat Herr Hempel diesen Käse ANGENAGELT!

Und heute Morgen?

Käse weg UND Nagel weg... Ist DAS der Brain?

11. Oktober 2012

Abends bei Hempels

An manchen Abenden geht es bei Hempels wirklich drüber und drunter. Dann wird am Abendbrottisch nicht nur der Tag besprochen, rumgenörgelt und Pläne geschmiedet, sondern auch wirklich Spaß gehabt. Das genieße ich sehr, wenn wir alle in Lachen ausbrechen, die Bettgehenszeit weit überschritten wird und nochmal herrlich rumgeblödelt wird.

So wie vorgestern Abend:

Theo fällt etwas vom Tisch. Das passiert oft, er zappelt rum, benötigt zwei Stühle... Jedenfalls hockt er noch auf dem einen Stuhl und bückt sich. Sein Hinterteil ragt dicht am Tisch über die Tischkante...

und seine Schwester meint trocken in bester Teenie-Manier:

"Theeeeooooooo, der Arsch gehööört niiicht an den Hiinternnn...."????

(Die Anatomiekenntnisse meiner Kinder begeistern mich...)

Großes Gelächter, irgendwann sitzen eins, zwei, alle Kinder auf meinem Schoß, jemand holt den Fotoapparat... in diesem Falle Deetje- und das kommt dabei heraus. Und ich liebe es sehr!

7. November 2012

Hallo Welt!

Hier spricht Mina! Wie geht es euch? Mir geht´s prima. Heute bin ich 11 Monate alt geworden.

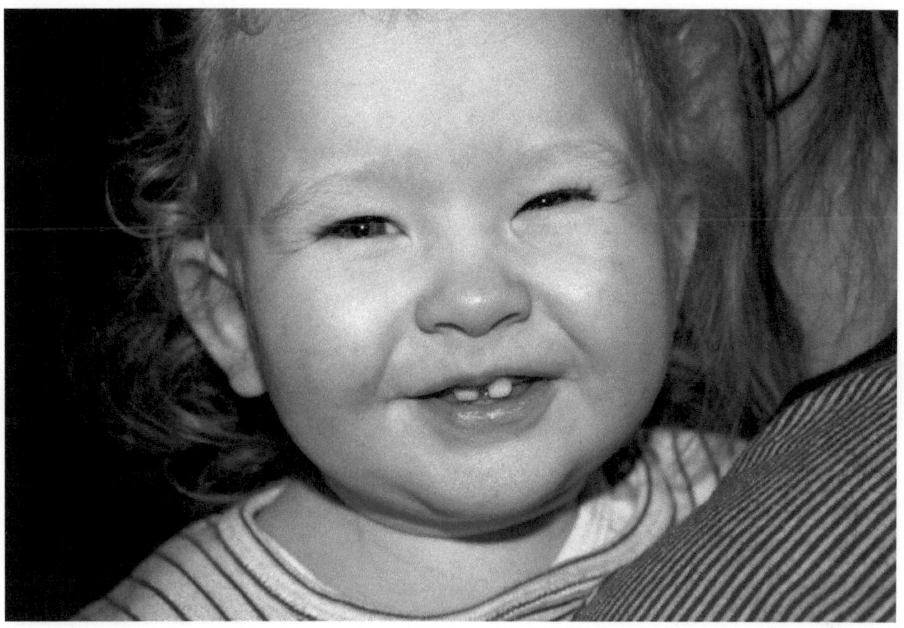

Ich kann nun ganz alleine stehen. In rasender Geschwindigkeit krabbele ich durch das Haus und kann nun endlich alle Zimmer entdecken.

Ich liebe alles, was Knöpfe hat- Fernbedienungen, Telefone, meinen Musikkäfer. Apopro Musik: ich liebe Musik, zu ihr kann ich prima klatschen und tanzen, ich wackele mit den Schultern und schwinge mit den Hüften.

Und ich mag Bücher- zum angucken, blättern, anknabbern, ausräumen, werfen.... Bücher und Musik sind DIE Begleiter für meine Topfsitzung- die klappt nämlich schon richtig gut und macht am meisten Spaß, wenn meine Mama, mein Bruder, meine Schwester und Hund Lotta um mich drum herumsitzen, Quatsch machen und laut lachen.

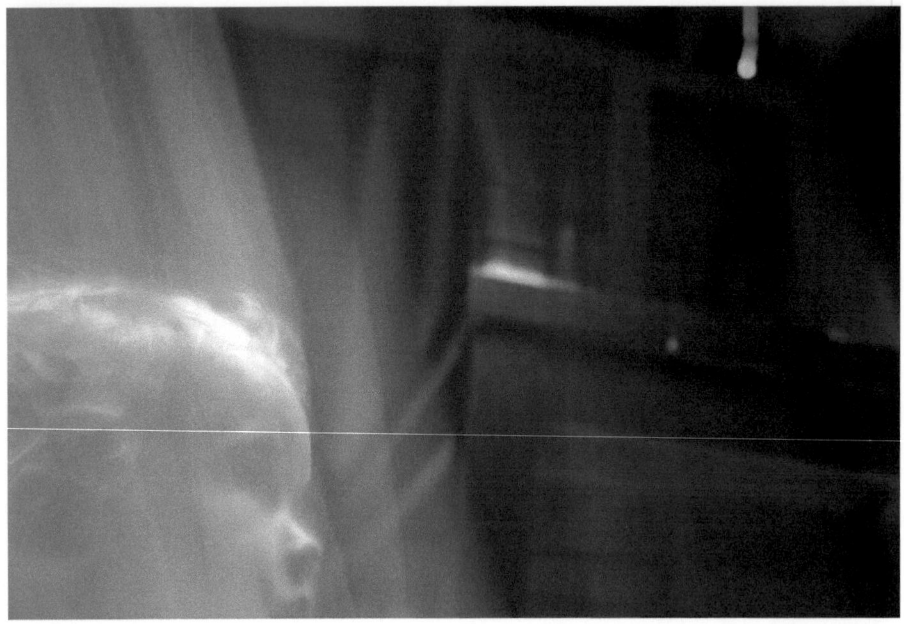

Ich habe es sogar wieder ganz in Mamas Bett geschafft. Ich schlafe nicht gerne alleine, auch nicht neben Mama, sondern am liebsten auf Mama drauf. Da habe ich es auch nicht weit zu meinem Lieblingsessen.

In 4 Wochen schreibe ich euch wieder. Dann habe ich meinen ersten Geburtstag!

Eure Mina

11. November 2012

Minas 4. Wort neben MAMA, DIEDA (Papa) und Dedje:

sitzt unser Baby gestern Abend auf dem Töpfchen, haut energisch mit der Hand auf ihr Knie und ruft laut "Lotta"... wir haben gestaunt und der Hund natürlich nicht gehört.

7. Dezember 2012

Brief an Mina

Am Anfang war die Liebe, dann kam der Gedanke und aus diesem erwuchs ein Wunsch.

Seit dem 07. Dezember um 09.22 Uhr hat dieser Wunsch nun einen Namen. Wir sind überglücklich unsere Mina Charlotte gesund in unserer Familie willkommen heißen zu können.

LIEBE MINA!

Ja, ich weiß. Eigentlich hättest du heute das Wort, aber ich bin so frei und nehme es dir einfach aus der Hand. Im Moment ist es ja etwas schwierig mit uns und fast wie vor einem Jahr: seit vielen Nächten schon liegst du wieder unentwegt und unzufrieden schreiend auf meiner Brust, meinem Hals oder über meinem Kopf...

Am Tage willst du ALLES- und auch Nichts davon. Du bestehst auf deine eigene Gabel, um Brot und Kuchen in deinen Mund zu befördern, isst alles, was wir auch essen, trinkst aus dem Becher- und trotzdem habe ich das Gefühl, dich wieder voll zu stillen. Ständig zupfst du an meinem Pullover…

Du willst auf unserem Arm sein und schnell wieder weg. Dinge mit vielen Knöpfen sind deins, vor allem aber unser. Deine Spielzeuge sind für dich runter-schmeiß-und kaputt-beiß-Dinge.

Da wäre dann noch die Treppe, das Katzenklo, das Werkzeug, die Bücher, das Hundefutter…Taschen und Ranzen, wichtige und unwichtige Papiere. Krabbeln, plappern, kreischen, Wut, Lachanfälle… das alles in 5 Minuten.

LIEBE MINA,

nein es tut uns nicht leid, dass du heute früh mit lautem Geträller geweckt worden bist und schon um 6 Uhr in der Früh Kuchen essen musstest- denn heute ist schon dein 1. Geburtstag!

Schon lange vor deiner Ankunft warst du ein schöner Gedanke, der erst durch Stadtaffens „Haus am See“ ein Wunsch wurde. Dennoch- auf den Tag genau hast du uns ein Jahr warten lassen, um dich auf die Reise zu machen. Beschwerlich war sie, oft angstbesetzt, und voller Hoffnung und Ungeduld.

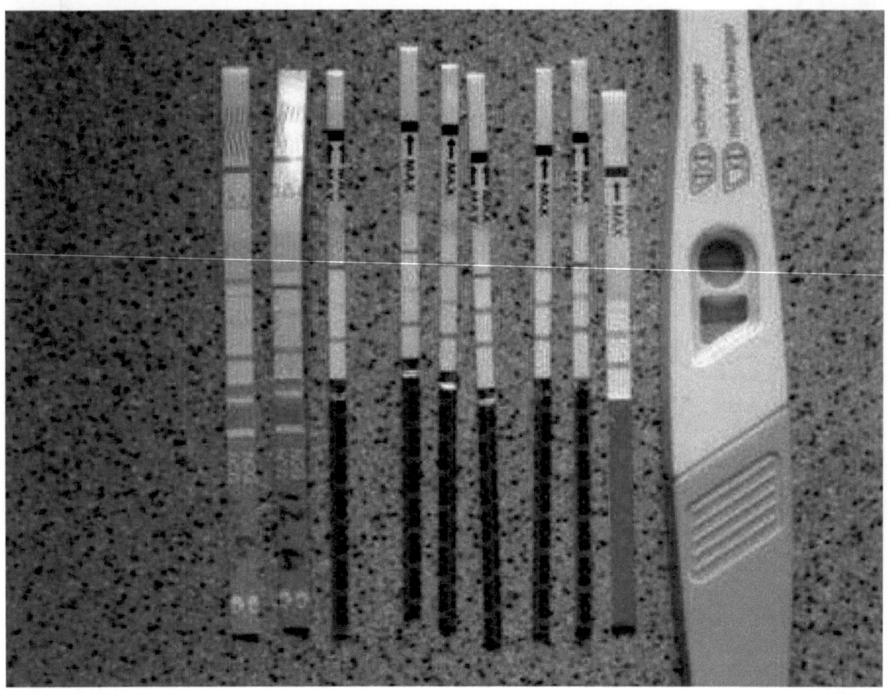

Dein Name stand eigentlich von Anfang an fest, und war nach der Feindiagnostik kein Geheimnis mehr. MINA: der Name deiner beiden Urgroßeltern Wilhelm und Wilhelmine, nach einem Menschen der mir sehr nahe stand und die schönste Bedeutung überhaupt: im Persischen bedeutet dein Name ´ Liebe´.

CHARLOTTE hat dein Papa ausgesucht: ein Name für eine starke erwachsene Frau (und eine nur-Lotta haben wir ja schon). Du hattest schnell einen festen Platz in unserer Familie.

Dass du ein wenig eher auf die Welt gekommen bist, wurde festgelegt, nachdem es uns Beiden immer schlechter ging. An das Krankenhaus denke ich nicht mehr, an die Tage deines Intensivstationsaufenthaltes auch nicht-immer wollte ich nur endlich mit dir nach Hause.

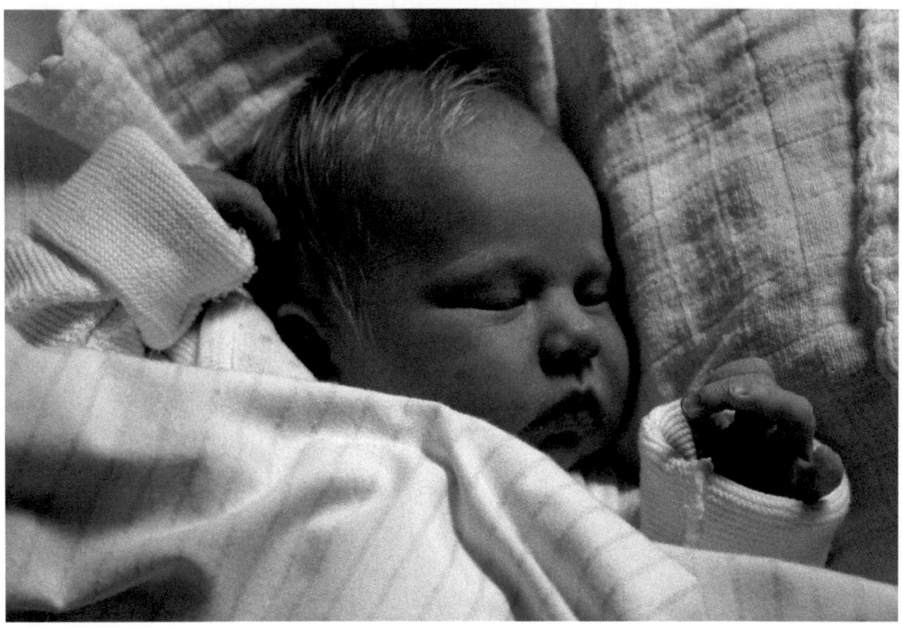

Du wirst es gar nicht ahnen, welche Veränderungen mit dir in unsere nun große Familie eingetreten sind. Du hast Brücken geschlagen, mit der Vergangenheit versöhnt, trotz deines anhaltenden Geschreis Gelassenheit herbeigezaubert. Prioritäten haben sich verschoben. Kreativität brach hervor.

Nicht nur der leere Platz am Tisch wurde endlich von dir besetzt- jedes Mitglied deiner Familie hat auch endlich den Seinen gefunden. Unsere Familie wurde Rund und zu einem Ganzen.

LIEBE MINA,

Papa, Mama, Deetje und Theo wünschen dir ein zauberhaftes neues Lebensjahr voller Abenteuer, Entdeckungen und Erfahrungen.

Wir freuen uns auf dein Lachen, küssen deine Tränchen fort , nehmen dich an die Hand, lassen dich laufen, fangen dich auf, zeigen dir Sonne, Mond und Sterne, Theos Lego und Transformer, Deetjes Krims und Krams, den FamilienEichenbaum, Stoffe und Schrauben und Werkzeug, dein Dorf und die große weite Welt. Hund Lotta wird dich beschützen und Katze Lilli wird dir zeigen, wenn du zu weit gehst.

Wir lieben dich.

1. Januar 2013

2012 - 2013

Die letzten Tage bin ich einfach "zwischen den Tagen" hängengeblieben. Wir haben uns treiben lassen, versucht auszuschlafen, die Zeit und die Tage vergessen.

Bis am SilvesterVormittag wieder die Panik ausgebrochen ist- Girlanden wollten aufgehängt werden, Konfetti verstreut- und unser grandioses Raclette musste auch vorbereitet sein.

Es war toll! Ohne weitere Gäste haben es zwei Erwachsene und drei Kinder geschafft, das Haus wieder komplett zu verwüsten. Nein, davon wird es keine Fotos geben. Wir haben getanzt, gesungen, es gab wilde Polonaisen, jede Menge Tischfeuerwerk, Bleigießen...

Nun schlafen die Mäuse und wir lassen den Abend, oder die Nacht?, mit dicken Bäuchen ausklingen.

Einzig unsere Hündin Lotti fand die letzten Tage äußerst doof. Beim Gassi gehen verkniff sie sich das Gassi. Sie fraß fast nichts und ging auch im Haus ganz nah "bei Fuß"- das niemand gestürzt ist, grenzt an ein Wunder. Nun liegt sie noch immer unter dem Geschirrschrank.

Im ersten Jahr lief sie durch den Türspalt davon und kam am nächsten Tag fiebrig und mit blutigen Pfoten zurück. Wir haben sie im nächsten Jahr dann in der Dusche gefunden und letztes Jahr verbrachte sie Silvester zusammengeknüllt zwischen Sofa und Sessel bei uns im Wohnzimmer.

Unser großes Thema beim Raclette-Futtern waren die Wünsche und Ziele eines jeden Einzelnen für das nächste Jahr. Spannend, wie unsere großen Hempelkinder ihre nahe Zukunft sehen...

In der Bloggerwelt gibt es ja nun jede Menge Jahresrückblicke, die ich sehr spannend finde.

Hach, seit Tagen versuche auch ich nun 2012 zu ergründen. So viele Dinge haben unsere Familie verändert- ich denke, ich lasse das mal so im Raum stehen. Es war ein gutes Jahr, es hat mich glücklich gemacht.

Für 2013 wünsche ich mir nichts großartig Neues. Ich wünsche mir, dass wir das, was wir im letzten Jahr erreicht haben, festigen können. Ich wünsche mir für mich, viel Gelassenheit, Zuversicht, Vertrauen und Mut, die richtigen Entscheidungen zu treffen. Ich bin glücklich mit meiner Familie- mehr braucht es momentan nicht- und das ist viel mehr, als ich mir noch bis vor 2 Jahren erhoffen konnte.

Und für Alle die bis hierhin durchgehalten haben:

Man sagt, heute sei Neujahr.
Punkt 24 Uhr sei die Grenze zwischen dem alten und dem neuen Jahr.
Aber so einfach ist das nicht.
Ob ein Jahr neu wird, liegt nicht am Kalender, nicht an der Uhr.
Ob ein Jahr neu wird, liegt an uns.
Ob wir es neu machen, ob wir neu anfangen zu denken,
ob wir neu anfangen zu sprechen, ob wir neu anfangen zu leben.

Johann Wilhelm Wilms, (1772 - 1847),
deutscher Komponist und Musiklehrer

Ich wünsche Euch von Herzen ein wunderbares, kreatives, glückliches neues Jahr.

4. Januar 2013

Wahr und Wichtig!

Wie zufällig bin ich auf Bines Blog `was eigenes´ auf Folgendes gestoßen:

la-petite-cuisine: vom-sein-und-weniger-wollen-im-nächsten-Jahr.

Bitte lest euch doch den Post durch und lasst ihn mal wirken. Ich bin ganz berührt und aufgewühlt.

Sich selbst gegenüber Achtsam-sein, den eigenen Körper und die Seele liebevoll und höflich zu behandeln, ist ein guter Vorsatz und vor allem eine große und wichtige Aufgabe.

Sollen... müssen... hetzen... überfordern... krank werden an Seele und Körper... Und dennoch ist die Umstellung gewaltig- das Umfeld ist ja "mit betroffen" und hat von der eigenen Eifrigkeit ja auch oft sehr profitiert.

Wenn aus ´Schneller Besser Toller´ ein gesundes Maß an Arbeits- und Aufgabenerfüllung, aus einem herzklopfenden, überfordernden und gestöhnten JA ein klares NEIN und ein deutliches Jetzt-bin-ich-mal-dran! wird- ist das nicht nur ein langer Lernprozess, sondern auch ein echter Augenöffner!

Meiner Erfahrung nach muss man nun auch damit leben lernen, dass nicht jeder im nahen Umfeld die neue Einstellung toll findet. Schlimmstenfalls wird man zum Spielverderber, zerstört alles, was doch so schön lief, macht alles kaputt, wird unbequem... durch all die Kritik, die Forderungen, das viele NEIN...

Wie es dann weitergeht? Türen gehen zu und neue Türen gehen auf. Und die schlaflosen Nächte, in denen man nicht weiß, wie und mit wem es weitergehen soll und in denen einem die eigene Zukunft Angst macht, übersteht man dann auch noch- irgendwie.

Und dennoch, es lohnt sich durchzuhalten! Der Gewinn ist enorm: für sich selbst, für die Kinder und all die lieben Menschen, die diesen Weg mitgehen.

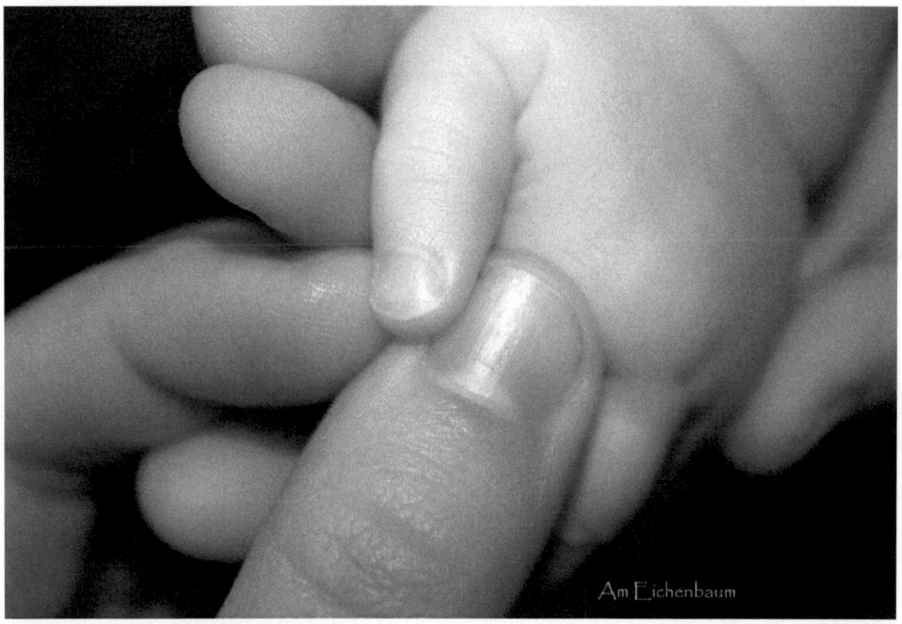

DAS war jetzt sehr persönlich...

7. Januar 2013

Hallo Welt!

Hier spricht wieder Mina! Nachdem meine Mama mir beim letzten Mal das Wort abgenommen hat, bin ich heute wieder dran. Denn heute bin ich 13 Monate alt!

Nachdem ich Geburtstag hatte, kam ja bald schon die nächste Sause.

Erst haben sie Grünzeug ins Wohnzimmer gestellt. Das haben sie vollgehängt mit Dingen, an die ich nicht ran durfte. Habe ich aber trotzdem gemacht... und die Lichter waren auch toll!

Dann kam eine Tante, die hat bunte Päckchen gebracht. Die sah aus wie Mama, war es aber nicht? Oder doch? Ich weiß nicht, mir tat der Bauch so sehr weh- aber meine Päckchen habe ich trotzdem ganz doll festgehalten und Deetje hat sie ausgepackt. Eine Puppe war drin, ein Sortiereimer...

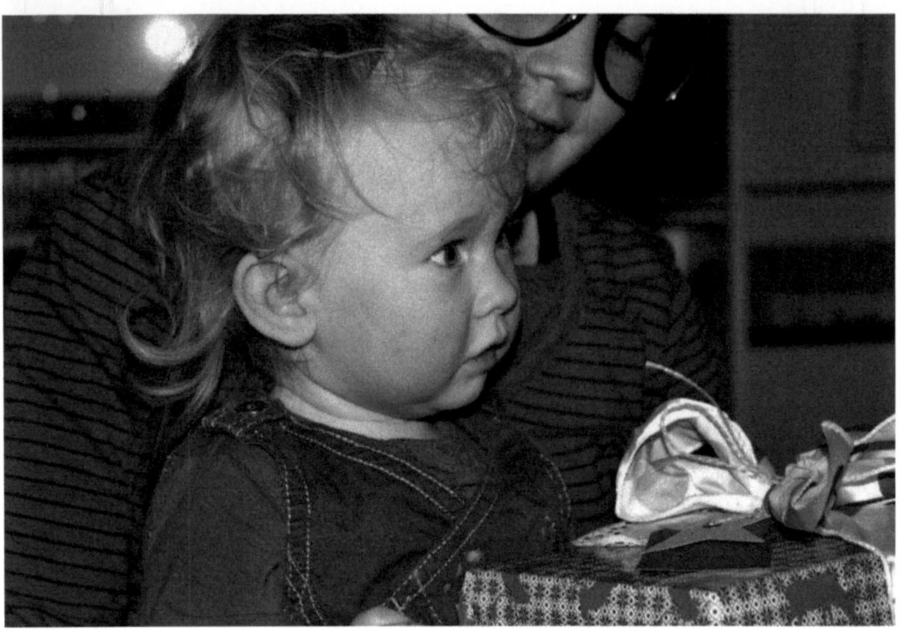

So viele Tage, so viel gespielt. Mit Theo und seinen Burgen. Ich habe getobt, gelernt, wie ich das Sofa runterkomme und die Treppe rauf... Sprechen? Ich kreische lieber, das hört meine Familie einfach besser!

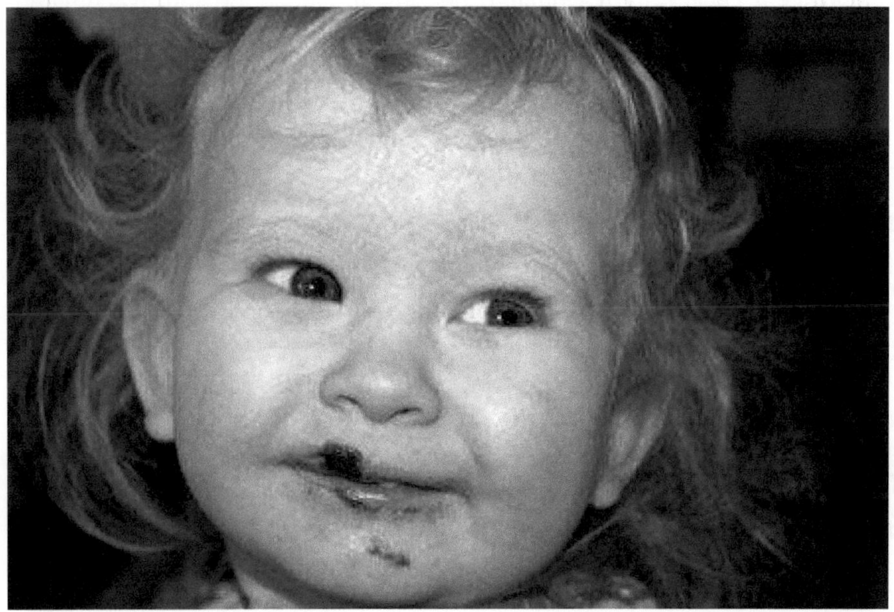

Das große Geknalle fand ich nicht gut- aber die Party war toll! Überall Papier und Kerzen und Papier... und Käse und Würstchen... und Papierschlangen...

Versteh ich alles nicht... Mein Opa ist heute auch wieder da zum Badbauen. Mama hat mir ein Stühlchen vor das Bad gestellt, damit ich alles sehen kann. Wahrscheinlich soll mich das abhalten vom Schrauben sortieren...

Bis bald wieder!

Eure Mina

9. Januar 2013

SchulAlltag

Ein typischer Dialog am Nachmittag bei uns zu Hause, gestern Nachmittag, lautet in etwa so:

Ich: Musst du noch Hausaufgaben machen?

Theo: Ööööhmmm, mnjaaaa, muss ich mal nachschauen... Mathe! Musst du dir das dann noch anschauen?

Ich: Ja. Wenn du das jetzt so sagst. Hast du was Daruntergeschriebenes?

Theo: Ja. Vielleicht...

Ich bitte ihn vorzulesen.

Theo: Theo hatte heute leider keine Lust Aufgabe Nr. 9 zu erledigen. Er muss dies bis zur nächsten Stunde als Hausaufgabe nachholen. Mfg... bla... bla...

Ich: Hast du das etwa auch so gesagt?

Theo: Ja. Warum nicht?

Ich bin ja wirklich glücklich zwei Schulkinder zu haben, die halbwegs in der Schule durchsehen.

Die größte Tochter geht in die Ganztagsschule- und das gefällt ihr. Sie nutzt die Lernzeit und die Freistunden- und wird dabei immer selbständiger und cooler.

Theo ist nun in der zweiten Klasse. Das Hausaufgabenheft ist mehr rot als blau, Buchstaben und Zahlen führen ein kreatives Eigenleben- aber er sieht trotzdem durch.

Und dennoch hörten wir im ersten Jahr fast täglich folgendes:

Ich habe keine Lust. Ich habe Bauchschmerzen. Ich habe Kopfschmerzen. Ich kann nicht. Das ist alles sooo langweilig. Die Stunden sind so lang. Ich hasse die Schule. Ich will nicht mehr so weiterleben.

Nun sagt Theo rein gar nichts mehr. Schweigen. Das Hausaufgabenheft ist rot. Theo verweigert den Matheunterricht.

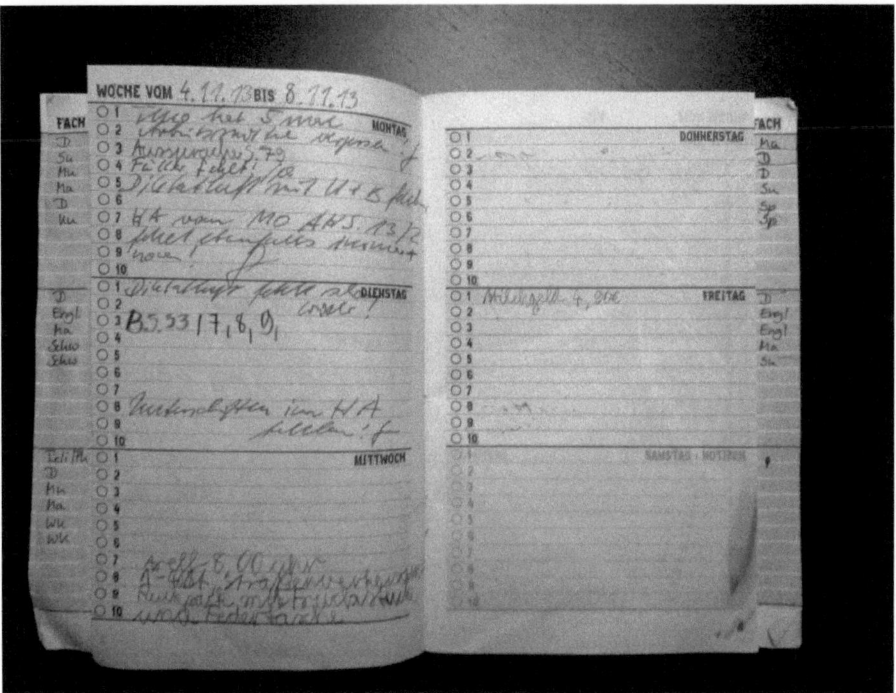

Ich mache mir riesige Sorgen um meinen Sohn, der schon mit 3 Jahren ganz unbedingt in die Schule wollte, um Hausaufgaben zu machen und um zu lernen.

Und der nach 3 Wochen Schule todernst sagte, dass er das nicht mehr mitmacht, weil er sich das alles ganz anders vorgestellt hat.

Der nun auf dem Sofa liegt und leichenblass ist. Der vom Sterben-wollen spricht und sich und uns fragt, wie sich denn Tot-sein anfühlen mag...

Am kommenden Montag hospitiert die Schulpsychologin. Danach beraten wir. Drückt uns die Daumen, dass es für Theo eine Lösung gibt. Obwohl ich fast das Gefühl habe, dass am Montag vielleicht alles anders sein wird...

23. Januar 2013

Das Gespräch

Heute war es nun, das Gespräch mit der Schulpsychologin nach zweimaliger Verschiebung.

Reichlich übermüdet und irgendwie verwirrt fanden wir uns mit allen Kindern im Bürogebäude ein. Das doofe Gefühl hörte auch während des Gespräches nicht auf. Als aufgeschlossen, nett, höflich, rege mitarbeitend und voll integriert in die Klasse habe sie unseren Sohn während des Schulvormittages wahrgenommen, meinte die Psychologin. Auch die befragten Lehrer haben bestätigt, dass es mit Theo keinerlei Probleme gebe. Einzig die Religionslehrerin meinte, dass man bei Theo mit Frontalansprache nicht viel erreiche, man müsse ihn schon zu nehmen wissen. Er sei empfindsam.

Im Laufe des Tages habe sich die Schulpsychologin schon gefragt, ob bei Theo Handlungsbedarf bestehe. Sie räumte aber dennoch ein, dass in der Klasse schon eine Begleitung nötig sein könnte. Strukturen und Verhalten untereinander... sie würde die Klasse im Auge behalten. Wir bleiben im Kontakt...

Sie war erstaunt, als wir ihr vom in der Vorwoche stattgefundenen Elterngespräch berichteten. Sie war noch erstaunter, als wir unser Glück zum

Ausdruck brachten, dass unser Theo dann ja doch nicht der Vollversager sei, als der er in diesem Gespräch dargestellt worden ist.

Wir lassen das Gespräch noch nachwirken. Wir haben viel zu besprechen und sind erschöpft. In der letzten Nacht hat sich unsere Welt ganz plötzlich und unerwartet ein ganzes Stück weiter gedreht...

28. Januar 2013

Däumelinchens Traum

Däumelinchen sitzt in ihrer Nussschale, ist umgeben von Morgenrot.

Warm, wohlig und behütet aufgehoben, verästelt sich das zarte Netz Seiner
selbst, lässt es wachsen und träumen.

Es hat ein wenig Angst, als aus dem Morgenrot Gewittergrau wird,
der Sturm tobt und die kleine Nussschale mit Däumelinchen
hin und her geworfen wird.

Und doch ist da auf einmal ein warmes Etwas, mittendrin,
leise leuchtend und glimmend, haltgebend und warm,
sicher und geborgen, an dem es sich festhalten kann,
als aus Morgenrot und Gewittergrau ein helles Licht wird.

Däumelinchen lässt nicht los und wird gehalten,
geliebt und umgeben von einem Gefühl der Liebe und des Lichtes-
noch lange nach dem Schaukeln der Nussschale im Morgenrot,
als Erinnerung an eine Zeit, als Anfang und Ende seines Seins ein
Augenschlag in der Ewigkeit waren.

29. Januar 2013

Blogpause

Ihr Lieben,

das Leben hat uns ein Bein gestellt- wir sind verzweifelt und versuchen eine Richtung zu bekommen.

Auch wenn niemand krank und die Familie komplett ist- ich kann gerade nicht öffentlich sein und nehme mir eine Auszeit über den Februar.

Ab März freue ich mich wieder auf euch und zeige dann auch wieder Nähwerke.

Liebe Grüße

Antje

29. Januar 2013

Liebes Däumelinchen,

was würde ich dich so gerne halten, beschnuppern und lieben.

Ich bin mir so sicher, dass du genauso wundervoll wirst, wie deine Geschwister.

Aber ich habe Angst, an dir als Mutter zu versagen, Angst, keine Kraft zu haben, dir gerecht zu werden. Angst, nicht gut genug zu sein und fähig, dir den Platz im Leben zu geben, der dir zusteht.

Du wirst sagen: Aber Liebe ist alles was ich brauche. Ihr habt ein Haus, Wärme, etwas Geld, eine Familie- einzig der Mut fehlt.

Ich bin aus Liebe entstanden, dass was du gibst wird immer reichen.

Liebes Däumelinchen,

zum Leben außerhalb der Nussschale gehört neben Liebe eben auch Mut- und den habe ich einfach nicht.

Ich fühle mich furchtbar alleine, ohne Zuversicht und schäme mich für das, was ich dir antue ganz entsetzlich.

Ich weiß, dass ich dich nicht nicht-lieben kann, du sorgst bereits dafür.

Ich lasse dich mit Liebe gehen, du bist mein weiteres Kind. Ich hoffe, hoffe, hoffe... dass deine kleine Seele einen Platz finden wird, an dem sie mit Liebe, Wohlwollen, Mut und Zuversicht empfangen wird.

Deine Mama

29. Januar 2013, früh am Morgen

Liebes Däumelinchen,

hab keine Angst, hab es warm und wohlig. Wachse und gedeihe.

Und dann komme zu uns. Ins Licht. Ich freue mich auf dich. Und ich denke, deine Mama auch.

Wir sind für dich da. Beide.

Voller Liebe dein Papa

Von: Antje

Gesendet: Dienstag, 29. Januar 2013 12:27

An: Herr Hempel

Betreff: däumelinchen

wenn ich beschreiben soll, wie es in mir aussieht, erschrecke ich.

mein inneres ist ein chaos aus gefühlen. wut, entsetzen, angst, liebe, trauer, verletzung... hätte mein inneres eine farbe, wäre es gewittergrau. hätte mein inneres einen ton, wäre es ein qualvolles stöhnen und schreien. eine kakophonie der verzweifelung, ein inferno. so anders als die hölle der totenstille, durch die ich einst musste...

däumelinchen schaukelt in der nussschale, wächst und träumt und ich mache mich auf den weg es zu töten.

es ist vorstellbar, das baby im arm zu halten und zu lieben, aber reicht die kraft einen platz zu schaffen? natürlich hast du völlig recht, mit der aussage, dass hier alles ein wenig "klein" ist... ich habe lange über diese liste nachgedacht und war auch lange der überzeugung, dass auf der habenseite nichts stehen wird. aber das stimmt nicht. dort steht viel. ein haus, ein wenig geld, ein bettchen, eine familie. wirklich einzig das "ja" und der mut fehlt.

ich habe keinen mut. es gibt nur eine gemeinsame richtung, keinen gemeinsamen weg. du hast mit trennung gedroht, wenn das baby geboren wird. was soll ich dann noch kämpfen? wir haben nie gemeinsam überlegt, ob wir es schaffen könnten. ich denke, dass wäre der gemeinsame weg gewesen...

ich fühle mich sehr verletzt durch das, was du mir alles vorgeworfen hast.

ich sei egoistisch.

ich hätte dich reingelegt.

es ist falsch, wie ich reagiere

du wirst dich trennen, wenn das baby kommt.

wir beide wissen genau, dass du mit recht empört wärst, wenn dir jemand so gegenüber treten würde. letztlich bin ich ich. schon immer. letztlich entscheide ich, wann ich rede und wann ich bereit dazu bin. ich rede dann, wenn ich was zu sagen habe.

dieses schlimme chaos in meinem kopf, macht, das ich höre, aber nicht verstehen kann. ich kann mir einfach nicht merken, wann wer was sagt. ich bin schwanger, nicht gewollt, und dennoch sorgt dieser gewaltige hormoncocktail dafür, dass ich so unendlich müde und ausgelaugt bin. ich kann meine gefühle schlecht sortieren, habe keine klarheit- und du erwartest, dass ich etwas sage.

der druck und die provokationen laugen mich emotional aus. ich fühle mich nicht respektiert, du vertraust mir nicht.

was passiert, wenn däumelinchen da ist? bin ich dann verlassen? habe ich hilfe? haben wir hilfe? stehen wir zueinander? ich habe keinen zweifel, das ein weiteres mal das wunder gelingt und mir wächst auch noch ein vierter arm, um allen kindern gerecht zu werden. aber reicht die kraft? ist es das wert? was passiert mit uns?

du hast gesagt, du stehst am ende der prioritätenliste der familie. ich habe auch jeden tag viel kind, der baudreck und das chaos lähmen mich seit wochen, ich weiß nicht, wo ich anfangen soll. die zeit zum nähen stehle ich mir regelrecht und bockig.

ich bin nie alleine mit mir. ich bin immer da- 24/7... immer. ich habe zukunftsängste. und bitte, sage mir, was glaubst du, wo ich auf dieser liste stehe?

und dennoch, es wie es ist und irgendwie ist es gut so.

Von: Herr Hempel

Gesendet: Dienstag, 29. Januar 2013 14:02

An: Antje

Betreff: däumelinchen

Antje,

wie soll ich's schreiben...

ich hab diese neue Schwangerschaft nicht gewollt. Richtig. Ich bin/war verzweifelt, warum wir das zugelassen haben. Beide. Unsere Pläne, Vernunft, Geld, Arbeit, soviel Arbeit...Ich habe die Augen zu gemacht und mein Herz vor allem. Nur so konnte ich mich gegen das Kind entscheiden. Nicht hinsehen, nicht hinein fühlen. Heute Morgen, nachdem ich Deinen Brief las rutschte es von allein. Konnte es nicht mehr aufhalten............... Mein Herz war offen und ich hab unser 4.Kind gesehen. Es ist nun vorbei. Es ist da, mein Gefühl dazu. Nun kann ich nicht mehr dagegen sein. Ich will mit dir noch einmal Wollen. Das nun wirklich letzte Abenteuer. Wie alles wird, weiß ich nicht, genauso wie Du. Mit/In Dir habe ich nie Zweifel gehabt. Diesmal waren es die Zweifel an mir. Hilfe werden wir nicht bekommen. Ich denke, einige werden sich abwenden. Dann ist das so. Ich bin bei dir, denke tief an dich. Habe keine Angst mehr. Sage alles ab, wir bekommen ein Kind. Unser Kind, das Däumelinchen.

In tiefer Liebe, ...

Geplanter Blog Post, Februar 2013

Ich habe lange überlegt, was ich schreibe und wie persönlich ich werde. Allzu leicht gerät man auch in der Ehe in Situationen, die nicht geplant, nicht gewünscht und schon gar nicht, aber auch nie, nie, nie gewollt waren.

Wir haben als Paar in den letzten Wochen eine emotionale Berg - und Talfahrt erlebt. Worte fielen auf beiden Seiten, die besser unausgesprochen geblieben wären- und das nur, weil wir eine Entscheidung treffen mussten, die unser Familienleben verändert hat und möglicherweise auch komplett in Frage gestellt hätte. Wir waren todunglücklich.

Wir haben zuerst eine Entscheidung getroffen, allein aus dem Bauch heraus und mit dem Verstand. Beratungen wurden aufgesucht und Termine gemacht. Fremde Menschen standen uns zuhörend zur Seite. Wir sollten eine Liste schreiben und abwägen. Danach gab es einen Traum, der immer und immer wieder kehrte- bis ich ihn aufschrieb und daraus ein Abschiedsbrief wurde. Däumelinchens Traum... Herr Hempel hat ihn gelesen.

Für mich war und ist es immer klar, dass am Ende des Lebens Bilanz gezogen wird. Das der Mensch sich den wichtigen Fragen stellen muss und in sich gehen wird.

War ich achtsam zu mir und meinen Lieben?

Habe ich meine Entscheidungen nach bestem Wissen und Gewissen gefällt?

Habe ich getan, was auf meinem persönlichen Lebensplan stand?

Wie viele Menschen habe ich verletzt und nicht um Verzeihung gebeten?

Sind alle Dinge gesagt worden?

Herr Hempel und ich haben in einer langen Nacht diskutiert. Und wir haben eine unlogische, unvernünftige und möglicherweise total egoistische Entscheidung getroffen- mit dem Herzen.

Unsere erste Entscheidung war richtig aufgrund unserer Lebensumstände. Das Haus zu klein, das Auto zu klein und das Geld wahrscheinlich auch- und der Mut fehlte.

Die neue Entscheidung war dennoch ein wenig richtiger. Wir haben ein Haus, sind eine gute, zusammenhaltende Familie, das Geld reicht dennoch- und gemeinsam haben wir schon viel, viel geschafft und geschaffen.

Wir haben alle Termine abgesagt und Frieden kehrte wieder in unser Inneres ein. Wir haben immer noch keinen Plan und ein wenig Angst, aber nun den Mut es bestmöglich gemeinsam zu versuchen.

Versöhnt miteinander und mit uns selbst, freuen wir uns sehr, im September 2013 unser Däumelinchen in unserer Familie willkommen zu heißen.

Ich danke Allen von Herzen, die an uns gedacht haben, für ihre lieben Wünsche.

28. März 2013

Minas erstes Bild- ausgerechnet am Kühlschrank...

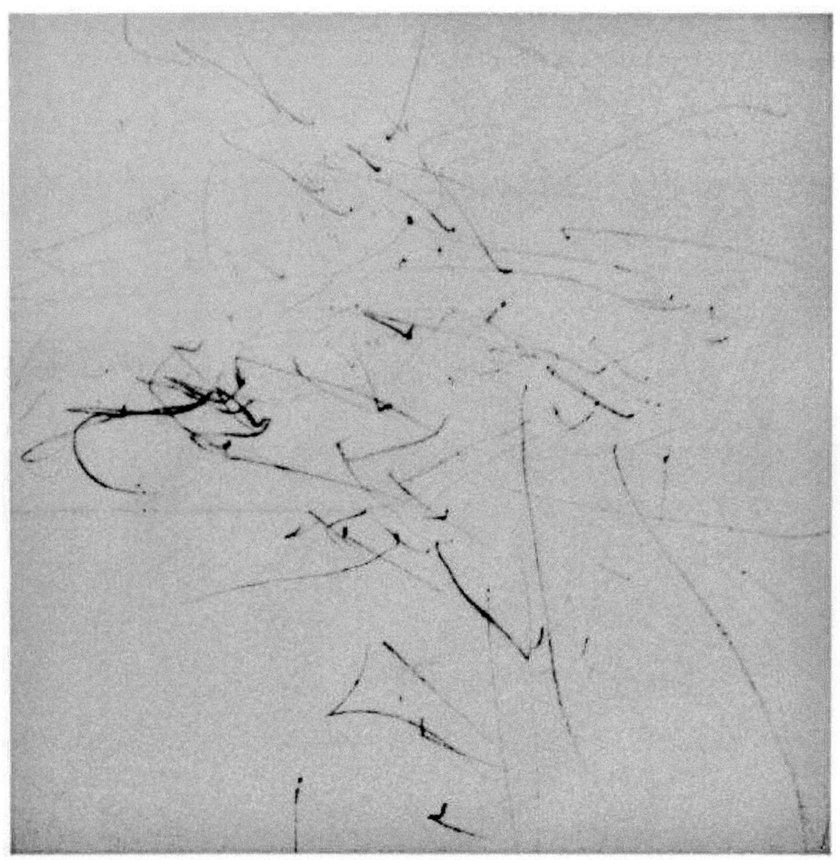

26. Mai 2013

Deetje stirbt heulend den Heldentod- sie muss den Geschirrspüler ein-und ausräumen... Ihr Lieben, ich freue mich auf die Pubertät

06.Juni 2013

Von wegen niedlich…

Zänkisches Weib!

Theo hat den Ball und Mina will ihn… Und das wird hart ausdiskutiert!

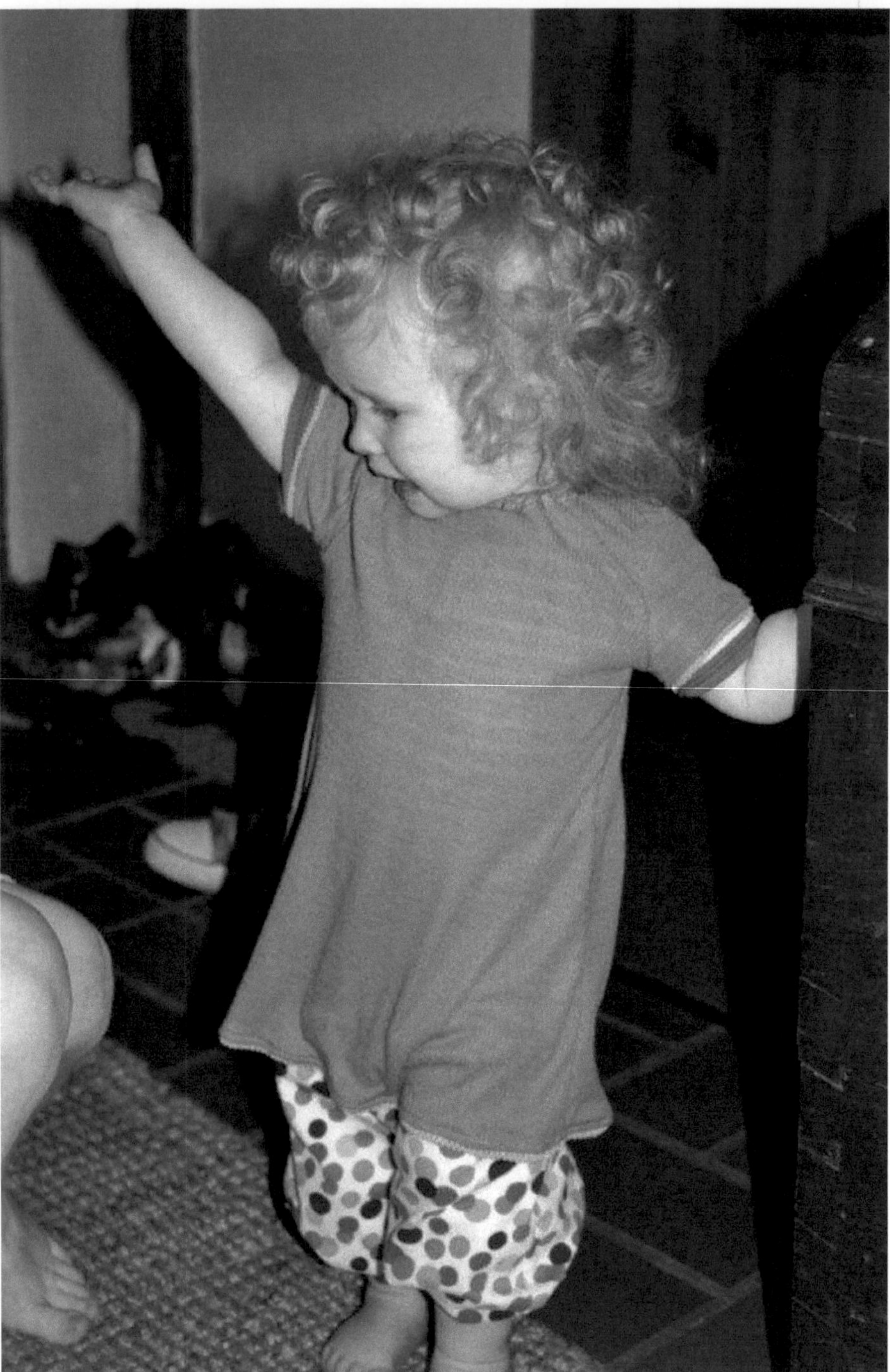

21. Juni 2013

Badewanne und Spitzenkleidchen...

Was haben Leinen, Spitze und Badewannen miteinander zu tun? Erst mal recht wenig..

Aus LeinenResten und Häkelgardine wollte ich das LieblingsKleid der Erbsenprinzessin ausprobieren- die SpitzenIdee hatte Herr Hempel.

Es war recht frickelig, denn Gardine und Stoff sollten auch zusammenhalten, das Oberteil wurde komplett gedoppelt.

Nun ja, es passte und Mina zockelte glücklich von dannen- in rosa Gummistiefeln... Und war minutenlang ganz leise verschwunden... Ich fand sie im Bad auf dem Bauch liegend, und mit rotem Buntstift die Fliesen unter dem Heizkörper bemalend, vor.

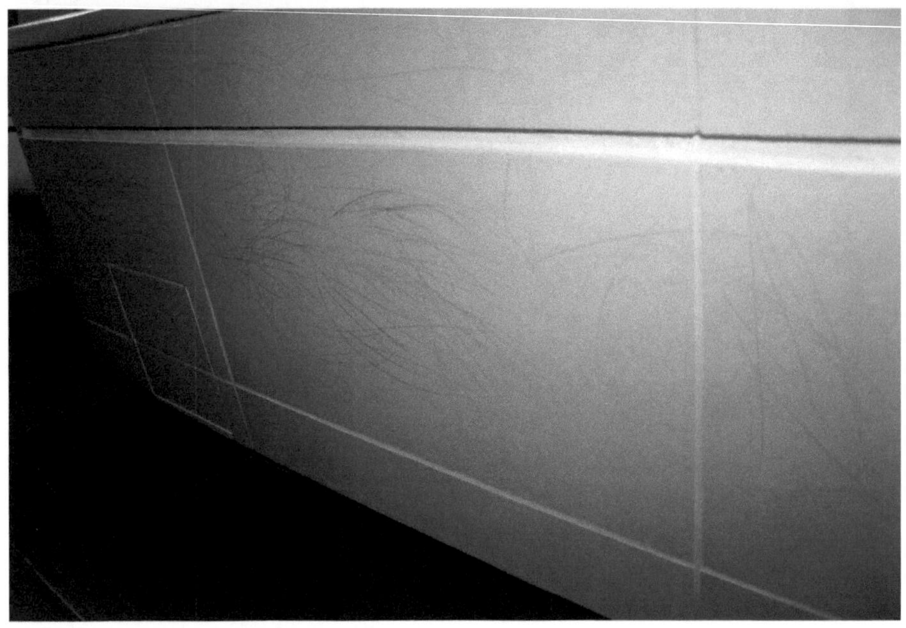

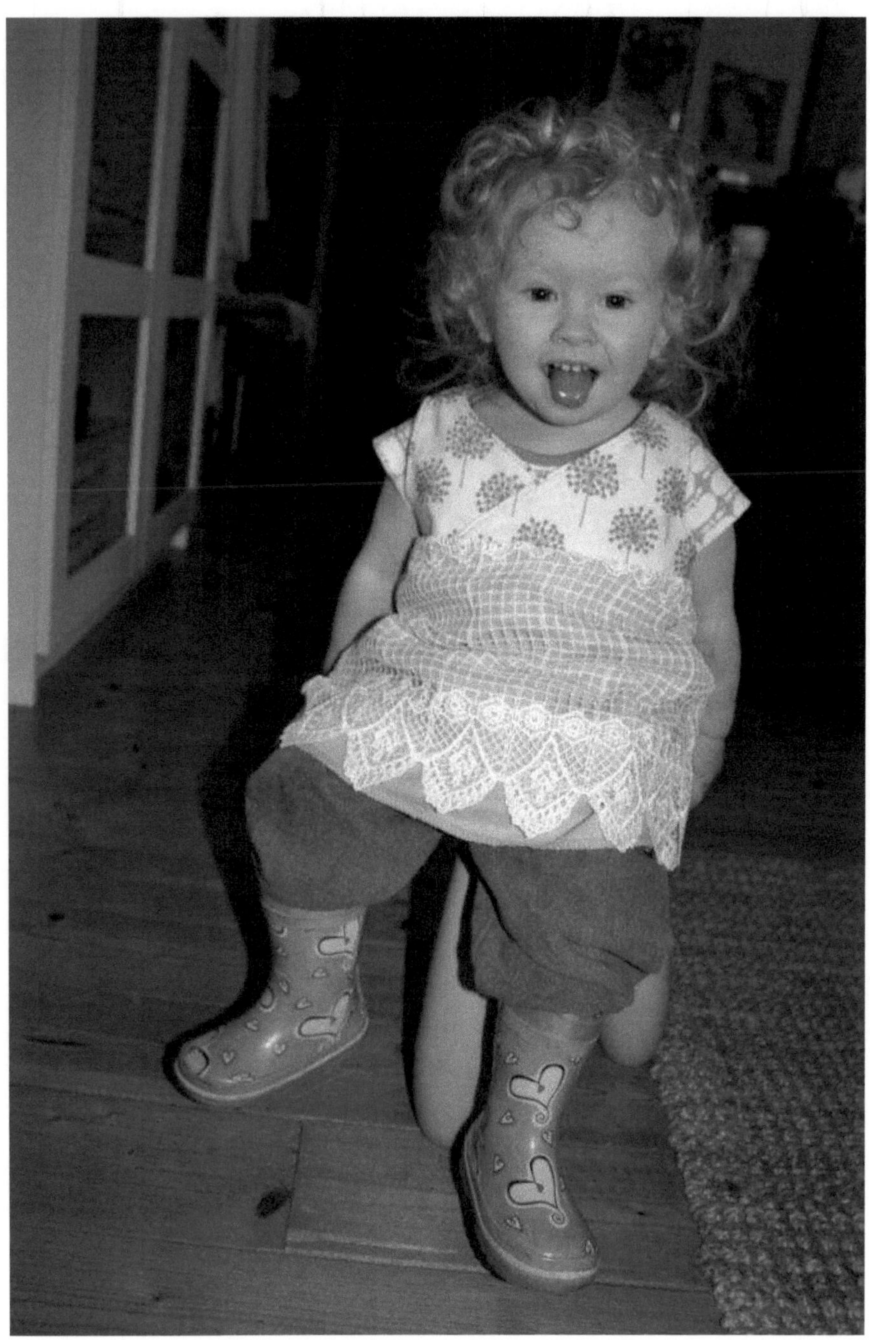

Schnell war alles gesäubert. Das Kind irgendwann wieder verschwunden... Was es tat, sah ich, als ich mal 5 Minuten alleine ins Bad musste- die Wanne war großflächig mit Rot und Orange verziert!

Die Tür ging auf- und herein kam das Kind im SpitzenKleid, mit rosa Gummistiefeln- und grünem Buntstift...

Das zweite Kleid, streng nach Schnitt in Größe 104 genäht, hatte übrigens noch keinerlei Auswirkungen- aber es passt ja auch noch nicht...

2. August 2013

Hüftschaden?

Habe ich heute Nacht schlecht geschlafen!

Erst links herum gedreht, dann rechts herum gedreht, was ja auch schon nicht mehr so einfach ist- aber irgendwie war es immer ungemütlich.

Ich glaubte schon an einen Hüftschaden, als ich es in der Hand hielt- das 4er-DoppelLegoTeil, in weiß...

26. August 2013

Theo hat von Papa (unbeabsichtigt) LeuchtSchuhe bekommen... Ganz aus dem Häuschen war der Knabe... Aber- wer hat sie an? Na? Wer?

Das kleine Mädchen...

7. September 2013

Bruder-sein...

Am gestrigen Freitagnachmittag hat Herr Hempel sich die beiden Mädchen geschnappt und ist zum wöchentlichen Großeinkauf gefahren.

Theo und ich blieben zu Hause, erledigten unsere Dinge und trafen uns irgendwann auf dem Sofa...

Nach einer Weile sah er mich an und fragte ganz leise: "Mamaaaa, wenn Greta dann da ist, kannst du mich dann bitte doppelt-großer Bruder nennen?"

11. September 2013

WILLKOMMEN...Greta!

Ein Neugeborenes zu betrachten ist, als dürfe man endlich ein Paket öffnen,
auf welches man bereits viele Monate neugierig gewesen war -
und dessen Inhalt sich als ein Wunder an Vollkommenheit zeigt,
das alles übertrifft, was man je erträumte.

Greta Helene Hempel

11. September 2013

10.43 Uhr

3760g, 51cm

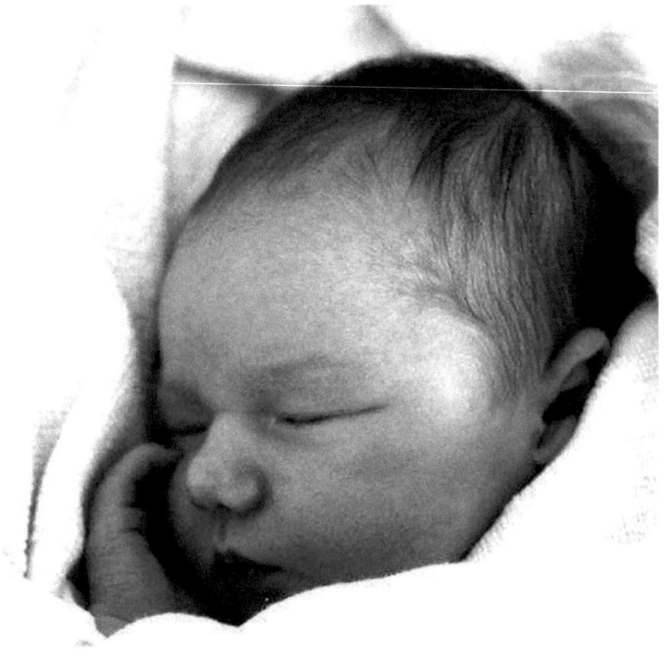

23. September 2013

So sieht unser Vormittag aus: kuscheln, essen, schlafen und pupsen. Wenigstens das Kleinste ist schon angezogen... Habt einen schönen Tag-Detershagen meldet SofaWetter...

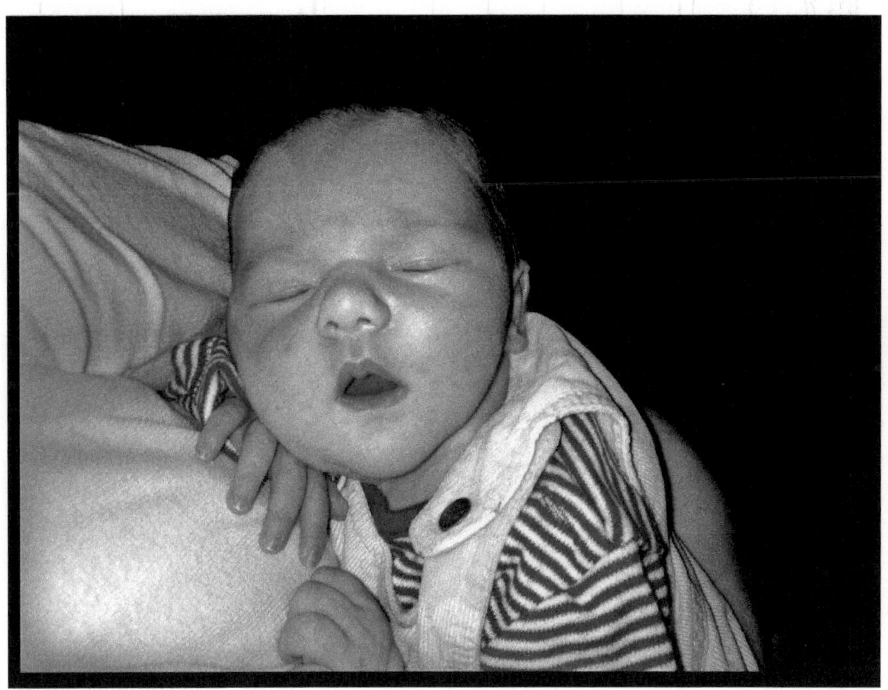

25. Oktober 2013

Alltag mit Greta

Sechs Wochen ist sie nun schon alt und immer noch sind wir erstaunt über unser kleines Wunder. Gerne wird sie von unseren Großen getragen, versorgt mit Decken und Streicheleinheiten.

Mina ist besonders angetan von "Babieeee": gerade in ihrer Puppenphase angekommen, wird auch Greta mit allem versorgt, was sie gerade braucht oder nicht braucht: Küsse, Streicheleinheiten, Ohrzupfmassagen, Nuckeln, Puppen...

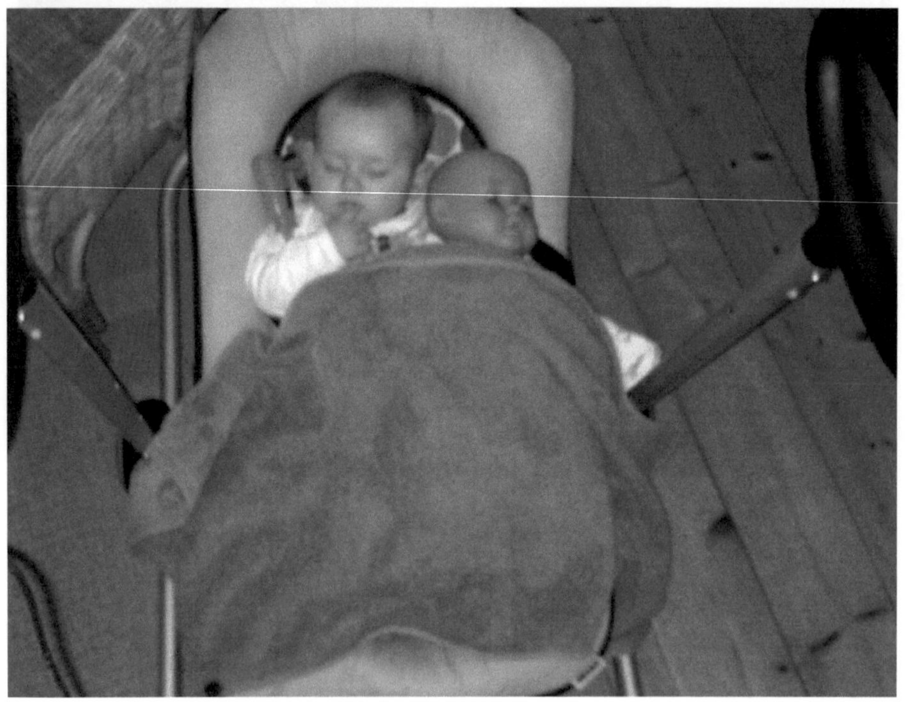

Klar, freue ich mich über so viel Aufmerksamkeit. Aber der Stress nimmt zu, denn Wirbelwind Mina macht hier auch sonst ganz schön Dampf.

Auf der einen Seite ist Minas KleinBabyzeit noch nicht so lange her, dass ich raus bin und eine Routine finden muss. Aber andererseits kommt hier auch keine Ruhe rein, da Minchen ständig unterwegs ist, alles untersucht, vieles besteigt, ausräumt, bemalt, zerreißt und nebenbei plappert, schimpft und meckert, singt, erzählt, fragt... noch immer ohne Schlafbedürfnis.

Tagsüber Mina und nachts oft Greta, manchmal nahtlos im Wechsel... nachmittags die Großen mit ihren Bedürfnissen... Wow- hier tobt das Leben... Vor 10 Jahren undenkbar, nun wirklich an den Grenzen des Machbaren angelangt, denke ich trotzdem, ich mag das sehr.

Selbstmotivation halt.

7. November 2013

DORFLEBEN

Hier, bei uns Am Eichenbaum, geht es in diesem Jahr ErnteEinfahrmäßig echt krass zu.

Wir wohnen ja nicht nur am Dorfende und am Wald, nein hier über diese Straße spielt sich auch der Ernteverkehr für die umliegenden Dörfer ab. Und der "heimliche" Zubringerverkehr von der A20 zur B105. Seit Jahren nimmt der Verkehr hier stetig zu. PKW und Traktoren liefern sich Rennen. Mehrmals wurden unsere Kinder von der Straße gedrängt, in den Graben geschubst oder fast angefahren.

Manche kommen sogar aus dem Nachbardorf, haben selber Kinder.

Diese Minidorfstraße hat keinen Gehweg, ist Schulweg und Spielplatzweg. Hier kommen Kinder zu uns, die mit Unseren spielen wollen.

Deetje und Theo werden zur Schule gebracht, gehen aber alleine nach Hause und natürlich auch zu ihren Freunden.

Seit September ging es mit den Traktoren ununterbrochen. Oft mit Überbreite und rasender überhöhter Geschwindigkeit fahren sie alles platt, was ihnen unter die Räder kommt. Im Dorf gibt es Streit. Die Stadt Kröpelin ist an einer Lösung nicht interessiert.

Das Bild so eines rasenden Traktors hat unsere Deetje (11 Jahre) am HalloweenTag geknipst. Der Traktorfahrer hielt an und stellte sie zur Rede, pöbelte sie an und drohte mit einer Anzeige gegen unser Kind. Kurz zuvor hat sie noch die Herbstbäume fotografiert.

Soviel zum idyllischen Dorfleben...

Aber wie auch immer. Hinter dem Zaun haben wir friedvolle Momente. Am Lagerfeuer, mit Esskastanien vom eigenem Baum und friedvollen Pferden auf der Weide hinterm Gartenzaun...

8. November 2013

8 Wochen...und der Familienwurm...

Unser Überraschungs-Wunderkind liegt jetzt gerade neben mir. Es ist kurz nach Mitternacht, sie meckert ein wenig und versucht nun einzuschlafen. Das Haus ist still, die Restfamilie schläft und ich genieße die beginnende Ruhe. Zeit, in der mir bewusst wird, dass Greta nun schon 8 Wochen bei uns ist und fest zu uns gehört.

Als sie geboren wurde, war es die größte Überraschung überhaupt- wie sieht sie aus, was für ein Wesen mag sie haben... Mein heimlicher Wunsch ging in Erfüllung- ein dunkles Kind. Mit so kurzen schokobraunen Haaren, dass ich immer an ein Fellchen denken musste. Der Geruch nach frischem Knäckebrot und Augen so dunkelblau, das sie fast schwarz wirkten mit einem tiefen, tiefen Blick. Eine Mischung aus uns Allen und doch mit ganz viel Eigenem.

Greta ist ein feines, stilles Kind. Stetig beobachtend, abwartend, selten laut brüllend. In den Nächten zumeist einfach nur munter, am Tag zunehmend weniger schlafend, fügt sie sich nahtlos in das Familienleben ein. Jeder mag sie hier knuddeln. Sogar Theo hielt sie am Wochenende fest im Arm, küsste sie und meinte: Du wirst auch immer süßer.

Mina hält sie so gerne, küsst, streichelt Greta (Bebiiieee)- und geht nun viel liebevoller mit ihren Puppen um.

Deetje ist der verlässlichste Babysitter ever- und eine riesen Hilfe bei vielen Alltagsdingen.

Nachts schläft sie im Familienbett- immer eine Hand bei Mama- und länger als wir alle zusammen- meist bis 10-11 Uhr. Stillen läuft hier immer nebenbei ab...

Seit zwei Wochen lächelt Greta uns an. Ebenso still und fein schleicht sich das Schmunzeln in ihr Gesicht und wird zum Lachen- nachdem sie uns mit ernstem, dunkelblauen Blick und hochgezogener Augenbraue gemustert hat. Wahrscheinlich kompensiert das Kleinste unser hempelsches Chaos. Ruhiger geht es hier nämlich nicht zu. Mina macht ordentlich RambaZamba, probiert Grenzen aus, immer am Limit, mit Dickkopf, lautem Lachen oder wüstem Geschrei zieht sie ihr Ding gnadenlos durch.

Die unterschiedlichen Bedürfnisse aller unter einen Hut zu bringen kostet ganz schön Kraft und vieles bleibt bestimmt liegen, ungesagt und ganz sicher oft missverstanden. Der Fokus liegt mehr auf den Kindern und bei der Bewältigung des Alltages. Paarzeit? An schlechten Tagen versteht jeder, was er meint zu hören oder verstehen zu müssen. Der Kopf ist voll und das Arbeitspensum gewaltig- ich hoffe, dass sich das wieder relativiert und einspielt. In anderen Familien geht das doch auch?! Wie schaffen das Großfamilien- frage ich mich so oft...

Vor einigen Wochen war ich ganz allein im Haus. Nichts war zu hören. Kein Auto, kein Traktor, kein Pferd, kein Vogel, auch nicht unser Hund. Greta im Bauch schlief. Die Sonne schien und unsere Eiche sah besonders schön aus. Ich habe gedacht, ich müsste jetzt etwas besonders Tolles machen.

Lesen, aufräumen, irgendwas sauber machen oder mal wieder Papiere sortieren... Stattdessen saß ich einfach auf dem Sofa und hörte der Stille zu...

Das hätte ich gerne mal öfter. Kein beständiges "Mama", keine beständige Verfügbarkeit... Wenigstens ein bisschen mehr ICH... oder PaarWir...

ABER. Es gibt hier kleine Menschen für die bin ich Mama und Mami... die umarmen mich gerne, die beklettern mich und sagen mir, dass sie mich lieb haben oder was ich jetzt unbedingt und ganz schnell erledigen muss.

Die kleinen Menschen sind gerne bei uns, obwohl wir oft meckern und unzufrieden sind, auch ungerecht und nicht immer fair.

Ich wünschte mir mehr Gelassenheit, mehr pädagogisch wertvollere Entscheidungen, mehr Coolness, mehr Erwachsensein... Mehr Perfektionismus...?

Gestern Abend haben wir, Deetje, Theo und ich, Weihnachten besprochen. Theo wünscht sich... Geschenke...Geschenke... und Geschenke. Deetje ein friedvolles, ruhiges und harmonisches Weihnachten. Beide ein tolles Essen.

Ich habe sie einfach gefragt, ob sie glücklich in der Familie sind. Ja, sind sie. Obwohl wir...? Ja, trotzdem...

Manches Mal denke ich daran, dass wir Großen die nächsten 20 Jahre Kinder um uns herum haben werden. Wir haben keine Zeit alt zu werden und die Jugend zu vergessen.

Dann denke ich daran, dass die Zeit mit den beiden großen Kindern absehbar wird. Die Jahre verfliegen, sie gehen langsam ihre eigenen Wege, machen sich Gedanken um ihre Zukunft.

Bei dem Gedanken daran, sie eines Tages in ihr eigenes Leben zu entlassen, muss ich oft weinen. Was sind schon 7-8 Jahre bei Deetje?

Manches Mal könnte ich die Chaoskinder zum Mond schießen, um dann hinter herzufliegen. Was muss passieren, dass ich je froh sein könnte, dass sie gehen? Oder mir das nichts ausmacht?

Mir wird bewusst, dass 18, 20 Jahre mit unseren Kindern keine lange Zeit sind. Das wir viel davon vertan oder schlecht genutzt haben. Ganze Jahre waren wir mit allem Möglichen beschäftigt, aber nicht bewusst mit ihnen- der FamilienAlltag ist an uns vorbeigerauscht. Das tut mir so sehr leid. Und doch kann ich oft nicht aus meiner Ungeduldshaut...

Trotz allem oder vielleicht genau deswegen bereue ich keine Entscheidung. Hier in diesem Chaos findet genau das Leben statt, dass ich so lange vermisst habe, mich an meine Grenzen bringt und darüber hinaus. In dieser Familie wird genauso viel gegeben wie genommen wird. Und das ist für mich ein wirkliches Geschenk.

Hach... das musste einfach mal heraus. Der blonde Wuschelkopf und das kleine Nachtauge haben mein Herz ganz schön weich gemacht...

Danke, dass ihr bis hierher durchgehalten habt.

Und danke, Herr Hempel, dass du an meiner Seite bist. Ich liebe dich! AWB- und das schon ganz bald 10 Jahre...

7. Dezember 2013

Happy Birthday, Mina!

Das ging nun wirklich schnell. So richtig bereit sind wir ja nicht für zweijährige dickschädelige Wuschelköpfe...

Mit zwei Jahren weißt du schon ganz genau was du willst, noch besser was du NICHT willst und am allerbesten was Andere nun wollen müssen.

Mit zwei Jahren bist du schon sehr hilfsbereit, deckst den Tisch, räumst ab und weißt vor allem wo die Dinge ihren Platz haben.

Du liebst Theo. Fragst jeden Morgen nach ihm und freust dich, wenn er endlich von der Schule nach Hause kommt.

Dein vorwurfsvolles "Oooohhhhhh Papaaaaaa" ist unnachahmlich. Dein leidenschaftlich-gepresstes "Theooooooooo" könnten wir als Klingelton vermarkten.

Fast 2 Jahre hast du bei uns im Bett geschlafen. Nun hast du dein eigenes Zimmer und gehst seit 2 Wochen einfach so und total gerne in deinem eigenen Bett schlafen. Ganz lange. Länger als wir alle.

Du magst andere Kinder in deinem Alter. Wenn sie nicht auf der Hut sind, überfällst du sie, umarmst und küsst sie ab. Hauen, schubsen und beißen machst du bei ihnen nicht- nur bei deinem Bruder.

Dich ohne Hocker sieht man selten. Mit diesem unsäglichen Hocker, der fast so groß ist wie du, kommst du wirklich ÜBERALL heran und herauf. Ufff...

Eine große Leidenschaft hegst du für Schreibgeräte. Nicht umsonst hat dein Bruder schon das zweite Hausaufgabenheft in diesem Jahr. Wenn sein Rucksack offen und du nicht zu sehen bist, finden wir dich in einer geheimen Ecke mit Federtasche und Hausaufgabenheft und machst deine Eintragungen.

Du liebst das Nachtauge und sorgst dafür, dass es der kleinen Schwester an nichts fehlt. Du passt auf, dass der Schnuller nicht weg kommt und steckst ihn lieber erst mal in den eigenen Mund.

Deine Böcke und Trotzanfälle sind legendär. Deine Schimpftiraden sind beeindruckend. Du bist eigensinnig, leidenschaftlich und ehrgeizig.

Du bist unbestechlich, außer mit Essen. Hier heißt es: alles außer Fisch und das bitte ganz schnell.

Du bereicherst unser Leben. Mit dir ist unser Alltag bunt, wild und unvorhersehbar.

Happy Birthday, du geliebtes Kind.

PS Soll ich mal verraten, wie Mina sich nennt, wenn sie sich im Spiegel oder auf Bildern sieht? .... "Du"

12. Dezember 2013

Greta, 12 Wochen...

Drei Monate ist unser Nachtauge nun bei uns. Im Moment ist sie ein wenig aufgeregt:

unbedingt will sie sitzen, unbedingt bei Allem dabei sein, unbedingt nicht schlafen... zumindest nicht tagsüber und abends...

Gerne lässt sie sich von ihren ganz großen Geschwistern die Welt zeigen und vom Wuschelkopf die Bilderbücher- diese versorgt sie auch ganz zuverlässig mit "Gocken" (Socken).

Unsere beiden quirligen Dickköpfe bringen ganz schön Schwung in den Alltag, so dass ich glücklich über jedes Päuschen bin.

Gerne lade ich euch ein, bei einer dieser kuscheligen Auszeiten dabei zu sein:

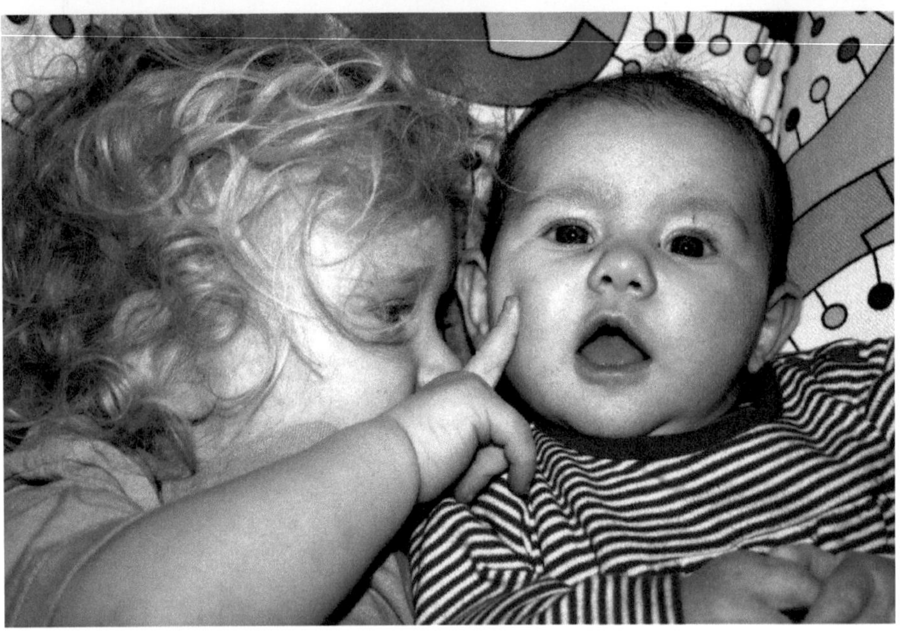

16. Dezember 2013

Das Glück ist ein Schelm

Früher dachte ich, um glücklich zu sein, müsste ALLES perfekt sein.

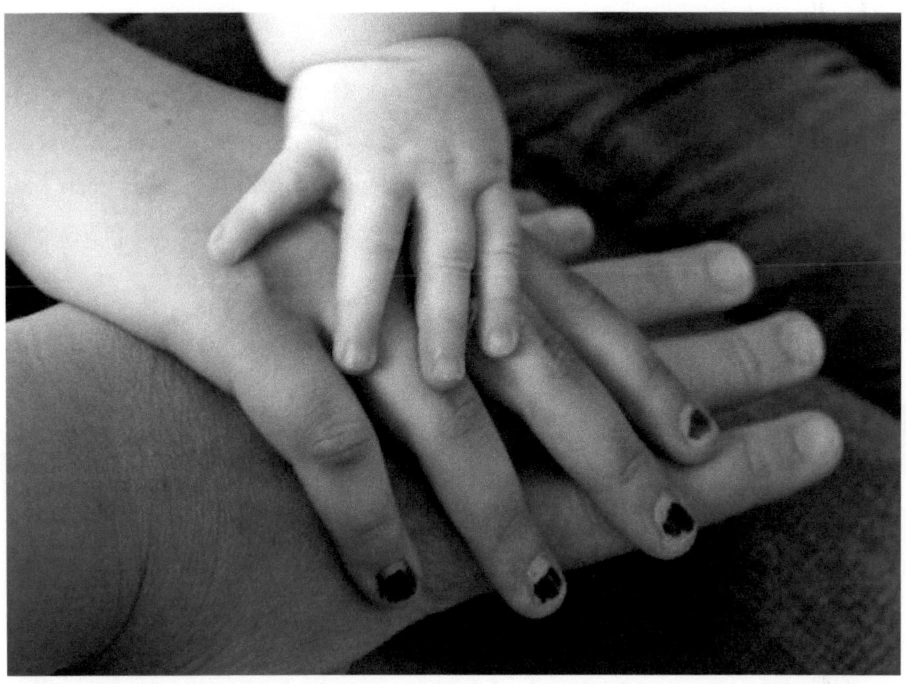

Der Mann muss ohne Macken sein, ein wenigstens millionenschwerer Lottogewinn müsste uns heimsuchen, im Job muss es funzen, die Kinder... der Alltag... die Familie... Meine Güte...

Ich habe langsam gelernt das Perfektionismus ein Arschloch und das Glück nicht in den Superlativen zu finden ist.

Aber an diesem Wochenende hatte ich unverhofft viele kleine GlückMomente. Einfach so.

Am Freitag hatte ich nach drei Monaten Besuch von den lieben Freundinnen. Hier war gar nichts perfekt. Der Zeitplan völlig durcheinandergeraten, war ich erst eine viertel Stunde vor der Verabredung zu Hause.

Unser Essen kam mit Herrn Hempel und zeitgleich mit den Mädels, das Perfekte Diner hätte ich so sicher nicht gewonnen.

ABER. Es war so ein glücklicher Abend. Die Kinder haben toll zusammen gespielt. Herr Hempel hat sich um ALLES gekümmert (den leckersten Käse ausgesucht, den Einkauf weggeräumt, die Damen bewirtet) "Setz dich hin, ich mach das alles..." Es war gemütlich, zwanglos und einfach lustig. Wir alle fanden Platz am Küchentisch... im Hempelschen AlltagsChaos.

Eine selbstgemachte Karte bekam ich Sonntagnachmittag von Theo. Vielleicht seht ihr es nicht richtig, er hat befunden "Du bist toll".

Mein kleiner Mann... in den letzten Wochen hatten wir es nicht leicht miteinander, das gegenseitige Liebhaben viel manches Mal schwer....

Doch was gibt es am Sonntagnachmittag Schöneres, als im Schlafanzug im geliebten NähChaos zu sitzen, aus dem Fenster in den grauen Tag zu schauen, die im Ehebett tobenden Kinder im Rücken, das schlafende Nachtauge auf dem kleinen Sofa und die Gewissheit zu haben, dass es im Leben nicht mehr braucht als genau DAS.

Bis einer von den tobenden Kobolden anfängt zu Heulen, die Streiterei ausbricht, das Baby aufwacht... Das Glück ist ein Schelm...

Für den Wuschelkopf sieht Glück am Morgen übrigens so aus. Die Cornflakes mit Händen essen:

PRINSESSEN

17. Dezember 2013

Alltagsschnipsel

Uiiihhhh... Wie sollen wir das auseinanderhalten?

Der Wuschelkopf hat ein Wort für Schokolade und Kacki: "Dacka"...

31. Dezember 2013

Jahresrückblick in Worten

Das Jahr ist vorbei und wieder einmal sind wir hier Am Eichenbaum überrascht, wie schnell die Zeit schon wieder verging.

Vor gut über einem Jahr haben wir Freunde auf dem Rostocker Weihnachtsmarkt getroffen und noch bei Glühwein geunkt, wo die Kinderlein so überraschend herkommen, ohne zu ahnen, dass wir uns anderthalb Monate später selbst auf eine emotionale Achterbahnfahrt begeben würden.

Wir haben auf unser Herz gehört und werden nun seit fast 4 Monaten mit einem weiteren wunderbaren Mädchen beglückt.

Wir wissen nun ganz genau, wo unsere Grenzen sind und das wir nötigenfalls auch darüber hinaus gehen können.

Unser Haus ist nun richtig voll und das Leben tobt jeden Tag. Dennoch war unser Weihnachtsfest überraschend still und sogar besinnlich.

Anscheinend hat die Weihnachtselfe bei uns den richtigen Nerv getroffen, alle waren zufrieden: Theo sah seine Wünsche geschenkemäßig erfüllt, Deetje auch, das Essen war wunderbar und vor allem gemeinsam gezaubert. Mina war mit ihren Sachen seelig.

Mein schönstes Geschenk habe ich ja nun schon im September bekommen-dennoch, die Tribute von Panem-Trilogie hat mich schlicht begeistert.

Zeit war auch über das Jahr 2013 nachzudenken.

Frühling und Sommer gingen an uns irgendwie vorbei. Zu viele kleine und große HausProjekte hielten uns in Schach. Genauso wie meine SchwangerschaftsMonsterHormone. Die hätte ich mir so gerne weniger ausgeprägt gewünscht.

Die Umstellung auf eine Großfamilie fordert bei mir seit fast acht Wochen ihren Tribut, ich bin gesundheitlich angeschlagen und alles andere als fit. Uns Großen würde etwas mehr Gelassenheit auch gut stehen...

Aber: keines der großen Kinder beschwert sich über Zurücksetzung, es gibt hier doch was zu lachen, die Abläufe spielen sich ein.

Es bleibt wieder Zeit zum Gitarre spielen und zum Nähen. Gerade das Nähen, welches für mich ein so wichtiger Ausgleich geworden ist. Bei dem ich mich einfach treiben lasse, vor mich hin arbeite und abschließend jemanden, und damit auch mich, dann glücklich mache.

Trotz WuschelkopfWutanfällen und NachtaugenDickkopf haben wir irgendwie noch ein wachsames Auge auf TeenieBefindlichkeiten und LegoTrotz.

Das Jahr 2013 hinterlässt bei mir unter dem Strich ein Gefühl der Zufriedenheit.

Herr Hempel und ich sind demütig und dankbar, dass alle vier Kinder gesund sind. Wir sind zusammen. Mehr zählt doch nicht, oder?

Und genau das wünsche ich mir für 2014.

Mein Plan: mich in Gelassenheit üben, mich weiterhin glücklich nähen, authentisch bleiben, QualitätsPaar- und FamilienZeit.

Frei nach dem Motto: geht´s der Mutti gut- geht´s dem Papi gut- geht´s der Familie gut :)

Ich freue mich darauf und lasse mich vom Rest gerne überraschen.

15. Januar 2014

Neujahr

Ach, ich weiß auch nicht. Dieses Jahr komme ich sogar nicht in den BlogTritt...

Schon vor Weihnachten tat sich hier viel Neues. Mein kleines Auto wurde eingetauscht gegen ein Großfamilienauto, der TheoKinderwagen wurde getauscht gegen einen Geschwisterwagen, aus dem "kleinen" Wuschelkopf wurde ein dickköpfiges WuschelMonster, welches jeden Tag mehr Worte lernt, mehr Fertigkeiten erreicht, mehr Eigenwillen herausbildet und nun endgültig die "kleine" Selbstbezeichnung "Du" gegen das größere "Ich" eingetauscht hat. Der Abschied von liebgewordenen und treuen Dingen fiel nicht immer leicht, auch wenn nun Vieles einfacher im Alltag ist...

Kurz vor Weihnachten wurden aus dem Büro von Herrn Hempel noch die alten Holzmöbel für das KleinMädchenzimmer geholt, um sie mit Nachtaugens Sachen zu füllen und Minas Spielzeugen einen Ort zu geben. Ein bisschen Lack fehlt noch- aber das MinaKind war so glücklich, dass sie mir am Bein hing und immer wieder glücklich lächelnd "dabben, dabben, dabben" sagte- ihr Wort für "Danke".

Nicht nur im Mädchenzimmer wurde aufgebaut. Auch unser Flur wurde in den Ferien zu einer AutoWerkstätte.

Aus den größten noch zu findenden Kartons bauten Theo und Mina zwei Autos. Das größere von beiden wurde sogar mit Paketklebeband am PukyLaufrad befestigt und bekam so vier echte Räder mit 2 FS (Fußstärken).

Das Kartonhaus steht noch immer hier- mit angeklebter Leuchte an der Decke, Stillkissen und Kuscheldecke am Boden. Wenn hier etwas im Haushalt fehlt, hier wird man unter Umständen fündig.

Auch die KleinstBabyZeit von Greta ist wohl zu Ende. Tagsüber ist sie ganz ausgeglichen, schläft lange am Vormittag und lacht und erzählt viel. Sie freut sich über jede Ansprache und fühlt sich im allgemeinen Familientrubel sehr wohl.

print more with

Da fällt es gar nicht so sehr auf, dass Greta versucht sich aktiv aufzusetzen. Wird sie an beiden Händen angefasst, stemmt sie sich sofort hoch und steht.... Da das viel zu früh ist, sorgt unser Bestreben, ihr das zu "verwehren" ganz schön für Frust. Auch darf ich ab dem späten Nachmittag nicht mehr weggehen oder sie hinlegen. Ab 21 Uhr ist hier wieder fast jeden Abend "Greta in Concert" bis weit in die Nacht hinein, unterbrochen von ganz kurzen Nickerchen. Gegen 3 Uhr wacht dann Mina auf, weil sie schlecht träumt... Gegen 4 Uhr darf ich dann schlafen gehen... Ufff...

Aber trotzdem war ich schon zweimal aus. Mit meiner Arbeit einmal zur Weihnachtsfeier und einmal zum Bowlen. Mit Mina war das bis zu ihrem 1. Geburtstag völlig undenkbar.

Greta fühlt sich beim Papa so wohl, dass sie, obwohl sie die Flasche verweigert, sich aber trotzdem zu einigen Nickerchen auf dem Arm überreden lässt und auf Mama und Milch wartet, wenn sie sich vorher schön vollfuttern konnte und ich nach spätestens 4 Stunden wieder da bin.

Daher freue ich mich umso mehr, wenn die Familie vollzählig ist und ich in mein Nähzimmer verschwinden kann, um vor mich hin zu werkeln, SecondHandSachen aufzupeppen und Aufträge zu nähen.

Meist dauert es dann keine halbe Stunde und Theo kommt. Mit Lego und CD in der Hand. Dann hören wir laut Musik, ich nähe und er baut, baggert oder wir quatschen. Oder näht selbst... bald mehr dazu :)

23. Januar 2014

Mina malt- das erste Mal ihre ganze Familie

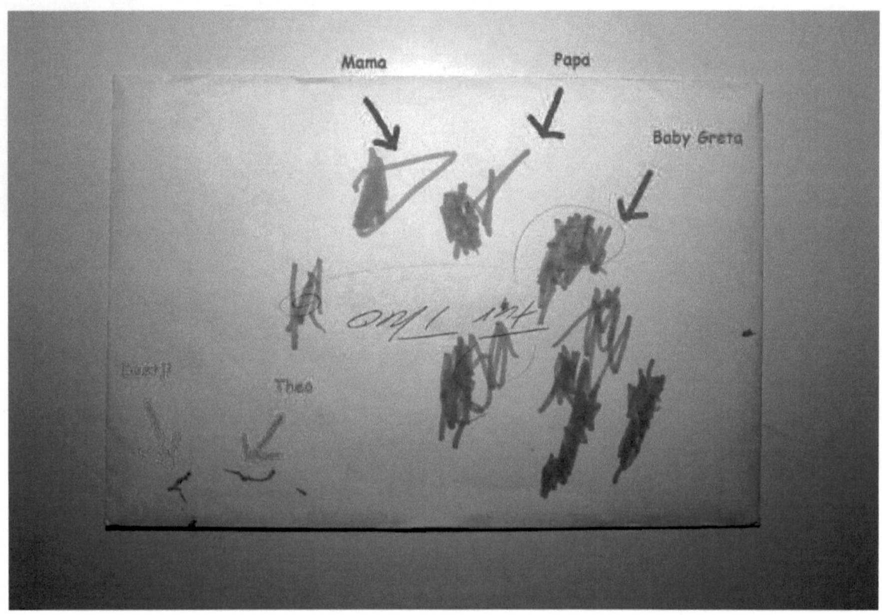

31. Januar 2014

Übers Elternsein...

Seit den Weihnachtsferien haben Theo und ich einen Deal. Zu sehr haben wir uns bis dahin an nicht gepackten Schultaschen, ständigem nun-mach-doch-mal und du-hast-schon-wieder... aufgerieben und wurden unglücklich.

Der Sprung in der Mama-Schallplatte hat mich genervt- und meinem Sohn wohl die Möglichkeit genommen, selbstverantwortlich und selbstbewusst aktiv zu werden.

Ich war der Meinung, dass unsere großen Kinder so unterschiedlich sind, dass das, was bei Deetje sehr gut funktioniert, an Theo abprallt, er sich verspielt und seine "Pflichten" vergisst...

Ich habe mich getäuscht. Nach einem vier-Augen-Gespräch am Küchentisch mit ehrlichen Worten und vielen ich-Botschaften, haben wir uns versprochen achtsamer miteinander umzugehen.

Eine WochenListe mit vielen Smileys zum abhaken hilft Theo nun, seine Aufgaben nicht aus den Augen zu verlieren und erspart ihm und uns ein ständiges hast-du-daran-gedacht. Wir treffen nun klare ZeitAbsprachen, wann was gemacht wird, damit auf beiden Seiten keine Unsicherheiten aufkommen. Es ist nicht "perfekt", aber es ist besser- das ist die Hauptsache.

Und siehe da, der Spaßfaktor ist gestiegen, es wird wieder mehr gekuschelt und ich habe das Gefühl, das wir wieder mehr Vertrauen ineinander haben.

Muttersein ist einfach? Wir wissen instinktiv was richtig ist, haben immer einen Plan und schaffen auch noch die perfekte Umsetzung? Nein, hier Am Eichenbaum leider nicht... Als "Produkte" unserer Kindheit, unserer Erziehung, allem Erlebtem, Ge- und Erlerntem, stoßen wir Großen tagtäglich oft an unsere Grenzen. Merken, dass wir mit unserer Prägung oft nicht weiter kommen und einen falschen Weg einschlagen. Wir sind dann unglücklich miteinander...

Langsam haben wir Eltern doch noch in den letzten Jahren gelernt, unseren Kindern zuzuhören. Den Mut zu zeigen, dass wir auch Menschen mit Unsicherheiten, Schwächen und ohne ständig erhobenen Zeigefinger sind. Meistens merken wir rechtzeitig, wenn wir anfangen "doof" zu werden. Ungeduldig und genervt reagieren. Wir sind dann zu sehr mit uns und unseren Erwachsenenproblemen beschäftigt.

Die wohl schönste Erkenntnis meiner letzten 3 Jahre war: Mama-sein ist richtig toll und nicht nur anstrengend, besetzt mit Ängsten und voller Verantwortung!

Es ist leichter, wenn ich mich bewusst auf Augenhöhe begebe und aktiv zuhöre. Ich spare damit sogar Zeit, als wenn ich ständig "gleich", "später" und "nachher" sage.

Diese Erkenntnis ist für euch sicher nicht neu, aber für mich immer wieder hilfreich, wenn mir alles über den Kopf zu wachsen droht. Auch der zweijährige Wuschelkopf versteht immer öfter, wenn ich sage: "erst mache ich das zu Ende, dann machen wir das, aber hole/mache..etc. doch schon mal..." Mina flitzt dann laut "jaaaaaa" schreiend schon mal los...

Unsere großen Kinder schätzen es, je nach Situation auch nicht immer freudig, wenn wir ehrlich sind und sagen, dass der Zeitpunkt für manche Sachen heute unpassend ist, dass eine verknickte Stimmung nicht mit ihnen zu tun hat und dann gemeinsam überlegt wird, wann der Zeitpunkt günstiger ist.

Auch wenn wir Großen das letzte ElternWort haben- unsere Kinder sind in gewisser Weise, irgendwie doch unsere Lehrmeister. Wenn ich mal alt bin (so richtig meine ich), möchte ich unbedingt einen guten lebendigen Kontakt zu unseren vier Kindern haben.

Ich befürchte, dass Eltern das nicht so ohne Weiteres geschenkt wird, wenn Kinder unabhängig ihren eigenen Weg gehen. Ich hoffe, es gelingt uns, dieses Grundgerüst zu bauen...

Und was hat das nun alles mit Theo zu tun? Denn während er seine kleinen Alltagsaufgaben ernster nimmt, ist es meine "Aufgabe" mir bewusst mehr Zeit mit Theo zu nehmen. Nur wir beide, ohne Störung.

Er ist im Lego bauen und Moorhuhn abschießen ungeschlagen, geduldiger und viel geschickter als ich.

Oft backen und kochen wir zusammen- aber jeden Tag Zitronenkuchen? Theo mag meine Maschinen und deren Innenleben. Ist fasziniert von den Stoffen und der Nadelzauberei.

Jedes Mal, wenn ich in meinem Nähzimmer arbeite, kommt Theo mit der Udo Lindenberg-CD, baut an seinem Lego oder erfüllt sich mit einer kleinen Hilfe von mir eigene Stoffwünsche. Die Musik ist laut und wir sind ganz entspannt und in Ruhe bei uns.

Es macht mir Freude, ihm das 1x1 des Nähens zu erklären, weil ich weiß, dass er zuhört und total bemüht ist, alles zu verstehen und letzten Endes richtig zusammen zuwerkeln. Der letzte Nähwunsch war eine Halssocke für seinen Freund Artur zum Geburtstag. Er hat sich, an den Farbwünschen Arturs orientiert, die Stoffe ausgesucht, selbständig zugeschnitten und zusammen gesteckt. Aufgeregt war Theo, als er das erste Mal mit meiner ComputerNähmaschine näht...

und sich auch an der Overlock versuchen durfte!

Währenddessen bekamen wir Gesellschaft vom Wuschelkopf, der still, heimlich und ganz leise, sein Baby unter meinen RetroSchätzen und UniJerseys zur Ruhe bettete.

Und gibt es am Ende aller Arbeit etwas Schöneres als eine Toberei im Elternbett mit der kleinen Schwester?...

...während ich das Chaos bestaune. Hatte ich nicht gerade aufgeräumt und einsortiert?

Letztlich sind es doch die kleinen Erinnerungen, die wir mit unseren Kindern teilen und über die wir dann in späteren Zeiten reden können...?!

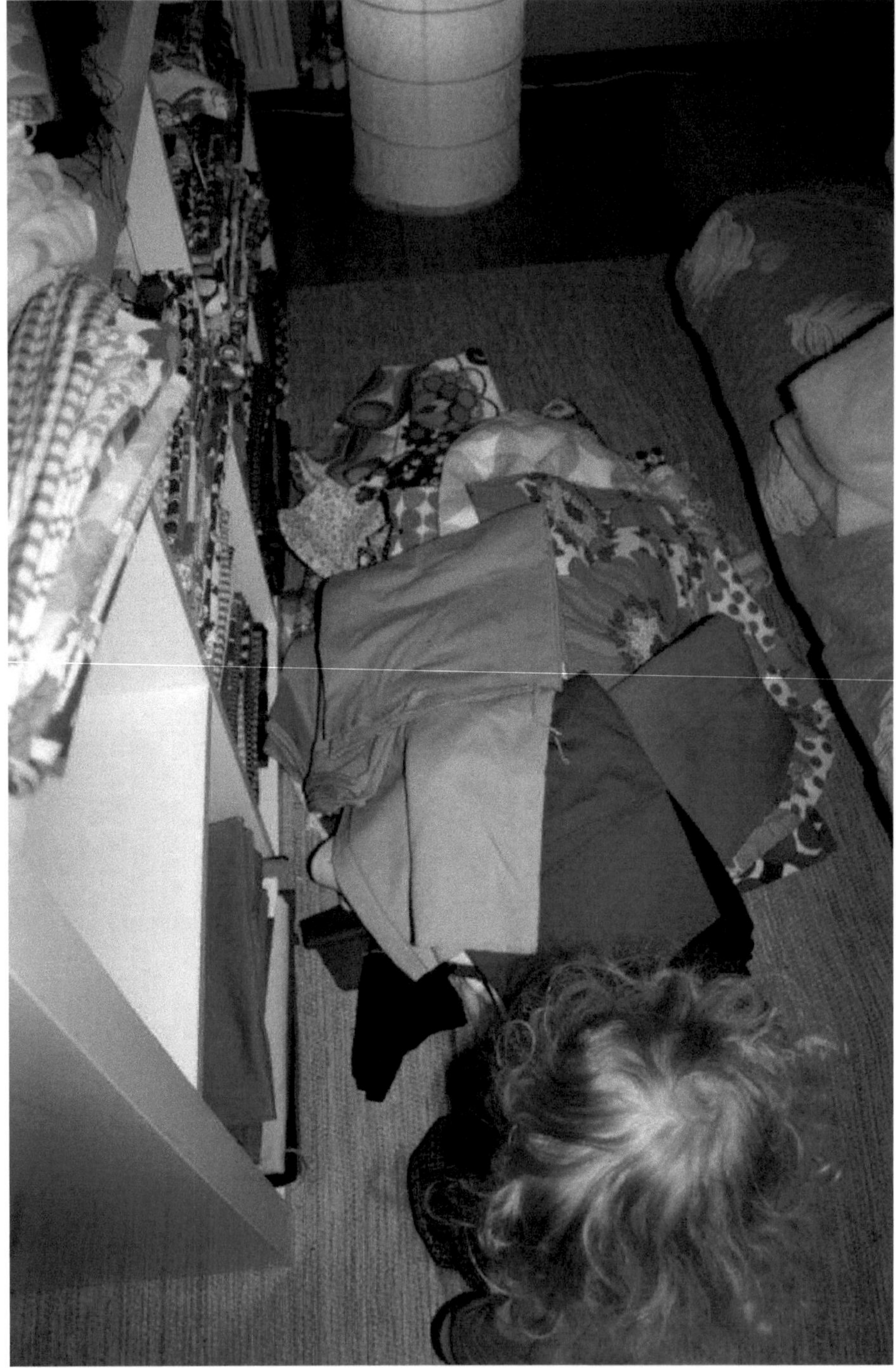

16. Februar 2014

Am Familientisch

Unsere Mahlzeiten nehmen wir immer am Küchentisch ein. Noch vor ein paar Jahren hatte es sich leider so ergeben, dass wir immer im Wohnzimmer rumlungerten und mit dem Essen kleckerten- und eben nicht mit einander sprachen.

Das wurde uns irgendwann einfach zu doof und die Mahlzeiten wurden in die Küche verlegt. Das war eine ganz schöne Umstellung- aber der Mensch ist ein Gewohnheitstier und gewöhnt sich eben auch an neue Essmanieren.

Allerdings rücken wir immer noch Stühle und versuchen, jeder für sich, den "richtigen" Platz zu finden.

Während dem Einen die Nähe zur Fleischschüssel wichtig ist, mag der Andere nicht neben dem Einen sitzen. Der Weg zum Kühlschrank ist zu weit, ständig wird der Nächste angestoßen, wenn Andere und Eine vorbei wollen...

Wer sitzt neben welchem Baby, um Sabber und Nahrungsreste abzuwischen...

Der Andere darf jetzt übrigens auf dem Stuhl rumzappeln. Er kann sowieso nicht still sitzen, vollführt die wildesten Verrenkungen und die Erziehungsberechtigten sind es leid, die Stimmung am Tisch zu vermiesen und nicht zum Essen zu kommen, weil ständig ermahnt werden muss. Die einzige Bedingung ist: der Kopf gehört über den Teller! Das ist gleich schon mal viel entspannter...

Aufdecken- und abräumen erledigen die Kinder. Auch die Vorkleinste hilft fleißig mit- eigentlich am fleißigsten. Der Wuschelkopf weiß ganz genau, wer welchen Teller und welche Gabel bekommt.

Das heutige Abendbrot war mit eines der Schönsten und Entspanntesten- eine glückliche Zeit!

Wir haben viel gelacht, rumgeblödelt, das von Deetje phantastisch zubereitete Abendbrot genossen, uns die Bäuche mit der noch leckeren Kürbissuppe von gestern vollgeschlagen, Wasser und Wein aus den neuen Weingläsern probiert, über das Leben philosophiert, Grimassen geschnitten- und die Zukunft geplant.

Die Zukunft geplant? Mittendrin in der gelösten Stimmung überkam mich ein Gefühl der Angst und des Grauens. Welche Zukunft können wir planen, haben wir überhaupt eine Zukunft? Bei all den Diskussionen um Fukushima, Monsatano, Nestle, Fracking- und den Beschlüssen in Brüssel... ich schaue meine lachenden Kinder an und frage mich, in welche Welt ich sie bloß geboren habe.

Während ich als Kind noch Angst vor Krieg und Kapitalismus hatte, müssen unsere Kinder Angst vor den Lebensmitteln haben? Oder vor der Umwelt? Generell vor dem Leben???

Sprechen wir mit ihnen darüber und sie beäugen dann alles, was sie umgibt nur noch argwöhnisch? Verschließen sie sich dann dem Leben? Planen und träumen sie nichts, übernehmen sie dann keine Verantwortung mehr, weil ja sowieso alles egal ist? Halten wir alles fern von ihnen, damit sie dann von was auch immer überrascht und überrollt werden, weil sie nicht vorbereitet sind? Mir fehlen die Worte und ich weiß nicht, wie ich es machen soll... ich habe selber Angst, vor allem um meine Liebsten.

27. Februar 2014

Genervtsein

Ich bin genervt. Es zieht momentan ordentlich an den Selben. Mein Leben rast an mir vorbei oder ich laufe oder schaue ihn hinterher, wahlweise. Je nach Müdigkeit und schweren Beinen.

Ich komme zu ganz wenig und gefühlt erledige ich das meiste im Laufschritt oder Zeitdruck. Oder gar nicht. Wenn ich dazu komme, mal meine Gedanken zu hören, schallt ganz laut die Frage in meinem Kopf: "Wann mache ich das? Und wann fange ich damit an, damit ich pünktlich irgendwo bin, etwas fertig ist? Oder ist es überhaupt wichtig?"

Organisation ist hier alles, im Moment, am Vormittag, und Nachmittag, und frühen Abend.

Dicke, dicke Tränen laufen über die hochroten Wangen vom Nachtauge. Sie rudert und fuchtelt mit allem was Arm und Bein ist. Vor Wut beißt sie in den großen Zeh oder kaut hektisch auf Daumen. Sie quiekt und schreit was die kleine Lunge hergibt. Und das ist viel... ´Oooh nein! Nie, nie...nie, nie, nie... nimmst du mich hoch. Immer nur muss ich dich anschauen, Mama ...´

Wild stößt sie mich mit ihren Beinen... oder schreit mir hinterher....während ich beschäftigt bin, den Wuschelkopf bei mir hui-machen zu lassen, ich Babypuppen anziehe, Fettfinger abwische, den Saft in der genau vom Wuschelkopf vorgeschriebenen Reihenfolge mische und dann wahlweise in die eine oder andere Tasse oder Flasche oder Becher umfülle, und dennoch bescheinigt bekomme "Mama, das fals!"

Hier wird dann mit dem Gummistiefel aufgestampft und/oder im hohen F geschrien, weil es die falsche Jacke, der falsche Ort für Buntstifte oder der falsche Zeitpunkt für alles ist. Manches Mal guckt Theo sie auch nur an... Oder das böse NEIN kommt...

Und während wir hier rätseln, ob mit "Buch" nun das Buch oder das Brot oder das Brötchen gemeint ist, ob der Wuschelkopf nun unbedingt die Schokolade/Nutella haben will oder die Windel voll hat, wenn sie "Dacka" schreit oder generell ausschließlich "Mina" spricht- wir verstehen nicht schnell genug oder gar nicht- da kommt es wieder: das hohe "F"...

Hach, was lacht das Nachtauge so süß, wenn sie bei mir auf dem Arm oder Schoß ist. So putzige Blubbergeräusche und Spuckblasen kommen aus dem Rosenmündchen... aber das Baby ist schwer und viele Sachen gehen nur mit zwei Händen gut zu erledigen.

Warum ist sie nachts nur so unruhig? Ach so, wir liegen unter einer Decke, aber wir berühren uns nicht... Es wird dann so lange gezappelt und gerudert, bis sie mich anstoßen kann...

Der Schlafanzug und der Schlafsack stören auch, die Füße und Beine müssen frei sein... und ich bin dann unruhig, weil ich befürchte sie friert...

Und dann passiert es. Einfach so und oft ganz unverhofft. Es ist auf einmal ganz viel Ruhe hier am Eichenbaum und Ausgelassenheit. Ein glücklicher Moment und Innehalten. Die kleinen Körperchen ganz fest im Arm und die Müdigkeit vergessen. Fast.

Schmatzige Küsse und duftige Köpfchen. Neue Worte, Fertigkeiten und Lebensweisheiten einer Zweijährigen, Freude über den fürsorglichen Umgang mit Babieee und "Detaa" (Minas Babypuppe und Greta) ...

Ich liebe euch, meine kleinen zauberhaften Mädchen... Was habe ich in den obersten Absätzen geschrieben?

Egal. Vergessen für den heutigen Tag. Und eigentlich auch gar nicht wichtig.

13. März 2014

PüppiSachen und PatchworkFamilie

Der aufmerksame Leser hat es vielleicht schon mal herausgelesen: eigentlich sind wir eine riesige Familie mit sechs Kindern.

Vor vielen vielen Jahren haben das größte Kind und ich alleine gelebt und davor waren wir zu dritt.

Uns ist passiert, was statistisch jeder zweiten Familie in Deutschland widerfährt...

Es hat doch eine ganze Weile gedauert, bis wir alle zu einem entspannten Miteinander fanden, die Kindergeburtstage mit drei Familien gefeiert und auch gegenseitige Besuche mit neuen Partnern leichten Herzens möglich wurden.

Sicher, Kompromisse eingehen und die eigenen Befindlichkeiten zurückstellen gehörte und gehört noch dazu- aber es ist ok für uns.

Unser Arbeits-Bekannten-Umfeld reagiert noch nach so vielen Jahren manches Mal verwundert, dass wir uns aufeinander freuen, um mal zu quatschen, uns zu sehen - und dabei ist es ganz sicher hilfreich, dass die Wohnorte so weit entfernt voneinander liegen...

Und dennoch, für Theo ist es völlige Normalität das zwei-dreimal im Jahr ein weiterer Papa bei uns am Tisch sitzt und gelegentlich auch eine weitere Mama. Jedes Jahr macht das größte Kind Urlaub bei ihrer zweiten Familie, zu der nun auch zwei weitere kleine Schwestern gehören. Zu den großen Fest- und Geburtstagen wird an alle sechs Kinder gedacht.

Und weil im letzten Ferienaufenthalt die klein-kleinste Schwester in Sachsen ihren zweiten Geburtstag feierte, gab es ganz nach Wunsch für die

Geburtstagspuppenmama und ihre große Schwester neue Klamöttchen für die Puppenkinder Laura und Flora- und für das Geburtstagskind noch das passende Shirt.

Ich bin nach so vielen Jahren doch der Überzeugung, dass man sich Familie zu einem guten Teil wirklich aussuchen kann. Zumindest bin ich glücklich, dass wir uns alle recht gut verstehen, miteinander reden und lachen können.

Die Puppensachen habe ich persönlich überreicht. Mit dem Nachtauge im Gepäck bin ich nach Sachsen gefahren um unser Kind abzuholen. Habe eine Nacht bei Papa m. und Mama k. geschlafen- und wurde auch von den beiden kleinen Mädchen herzlich aufgenommen.

Am Abend lagen Mama k. und ich rechts und links im Arm vom großen Kind- und ja, es war und ist ok. Nach dem Besuch am Abfahrtstag bei den Schwiegereltern und der Schwagerfamilie war mir doch schwer ums Herz. Immer noch Familie halt...

8. April 2014

Ich brauch aber die Butter... Deetje!

Wenn mich der vergangene Montagabend etwas gelehrt hat, dann diese Dinge:

- die erste Regel beim Kochen lautet immer noch: Naschen nicht vergessen!
- es gibt Situationen die schreibt man besser auf, als das sie mit einer Fotoaktion gestört werden
- die Hilfe einer Zweijährigen sollte man nicht ausschlagen
- der Wuschelkopf spricht besser, als man glauben mag und manche Bekannte annehmen
- der Unterschied zwischen Falafel und Kichererbsen ist wirklich eklatant
- Kartoffeln in allen Variationen sind saulecker und machen Bauchschmerzen
- Karotten sind eine tödliche Gefahr für die Gesundheit

Diesen Montag standen der Wuschelkopf und ich ganz harmonisch nebeneinander in der Küche. Das MinaKind stand auf dem unsäglichen Hocker, über den ich mal nicht gestürzt bin, und half mir ganz spontan beim Abendessen. Das Kleinste schlief und die beiden Großen gingen ihren Dingen nach. Wir waren beide allein und ungestört...

Nachdem wir den Hocker hin und her geschoben, Mina rauf und runter krabbeln musste, Schubladen auf und zu geschoben wurden und wir endlich unseren Schüsselkram aufgeteilt hatten, ging es los. Und das gab es:

Backkartoffeln mit SojaKichererbsenKorianderPüree

Frisch gewaschene und geschrubbte Süßkartoffeln und mehlig kochende Backkartoffeln in beliebiger Menge wurden von Mina fachgerecht und ganz sorgfältig in vorbereitete Alufolie gewickelt.

Währenddessen wanderten ein zerzupftes Bund Koriander, 3 oder mehr gehackte Knoblauchzehen, 500 g Sojajoghurt, 2 Dosen Kichererbsen und Salz nach Gusto in eine Schüssel und wurden anschließend rigoros püriert.

Der Wuschelkopf hatte sich dann schon mal Kichererbsen, Joghurt und etwas Salz in einer Schüssel zur umgehenden Verkostung auf die Seite gestellt und nebenbei immer mal mit Löffel oder Hand beim Einwickeln der Kartoffeln zugelangt...

Nachdem sie mir geholfen hatte die Kartoffeln in den Ofen zu stapeln, haben wir sie für 1 oder 1,5 Stunden bei 200° vergessen

und dem wieder aufgewachten Nachtauge Gesellschaft geleistet.

Beide Mädchen saßen nebeneinander auf dem Sofa und "erzählten" sich was.

Dabei hob Mina immer wieder ihr mitgebrachtes Glas an den Mund - und jedes Mal ging der Blick Gretas von Minas Hand zum Mund und auch ihr Eigener sperrte sich dabei ganz weit auf! Ganz aufgeregt war das Kleinste! Mein Blick in das Trinkglas verriet mir, dass die verbliebenen SojaKichererbsen umgefüllt worden sind zu Kichererbse to go...

Was soll ich sagen? Das Essen war total lecker! Die Süßkartoffeln nicht jederkinds Geschmack, aber satt sind alle geworden.

Mina hat erst mit Herrn Hempels Hilfe, dann alleine, mit Inbrunst ganz viel Butter auf jedes ihrer Kartoffelstückchen geschmiert und dann gegessen.

Dann allerdings nur die Butter... das Messer rechts in der Hand, die Butterdose fest links im Arm...

Die Bitte ihrer großen Schwester, ihr auch mal die Butter zu überlassen wurde erst überhört und dann mit festem Blick und lauter Stimme abgeschmettert:

"Ich brauch aber die Butter... Deetsche!``

Irgendwann hat Deetje mich beim Auffüllen des KicherSojaErbsenPürees gefragt, was das sei. Meine Antwort: Wenn du mich kennst, weißt du das...?

Nach dem Essen sitzen wir gerne zusammen und erzählen uns noch ein wenig vom Tag... Dabei fiel mir auf, dass Deetje ihr Kichererbsenpüree nicht so ganz mochte und liegen gelassen hat.

Sie könne Kichererbsen nicht ausstehen, meinte sie. Sie möge sie einfach nicht und bekomme sie nicht herunter.

Dabei fiel mir ein, dass sie und Theo sich vor einigen Wochen heißhungrig über die Falafel hergemacht haben. Geradezu herunter geschlungen haben sie sie und mir mehrmals versichert, dass diese ganz vorzüglich seien, sie diese gerne öfters essen wollten.

Auch jetzt versicherte mir Deetje auf Nachfrage, dass Falafel toll sind. Aber Kichererbsenpüree? Nee, immer noch eklig.

Und wenn es aber fast dasselbe ist?...

Überall Grinsen am Tisch...

Da Theo nun neben ihr feixte, ging sie ihn an und fauchte: Du isst DAS ja wohl auch nicht! Woraufhin Theo ganz lapidar meinte: Mir ist gerade nicht nach Kichererbsen... sonst aber gerne... :)

Wie auch immer. Gut und viel haben wir alle gegessen. Manche nur mit den Augen, manche nur die Butter, einige von Allem, zwei auf keinen Fall Kichererbsen- und es wurde sogar behauptet, Süßkartoffeln seien eigentlich Karotten und diese seien potentiell tödlich bei Genuss!

8. April 2014

Am 11.04. schon ganze 7 Monate alt, 69cm groß, 67oo Gramm leicht, erste Zähnchen, Brötchenesser, Nudelmatscher, Breiverächter, fast-Sitzer, leise dreckig-Lacher... Unser 4. Riesenschatzi!

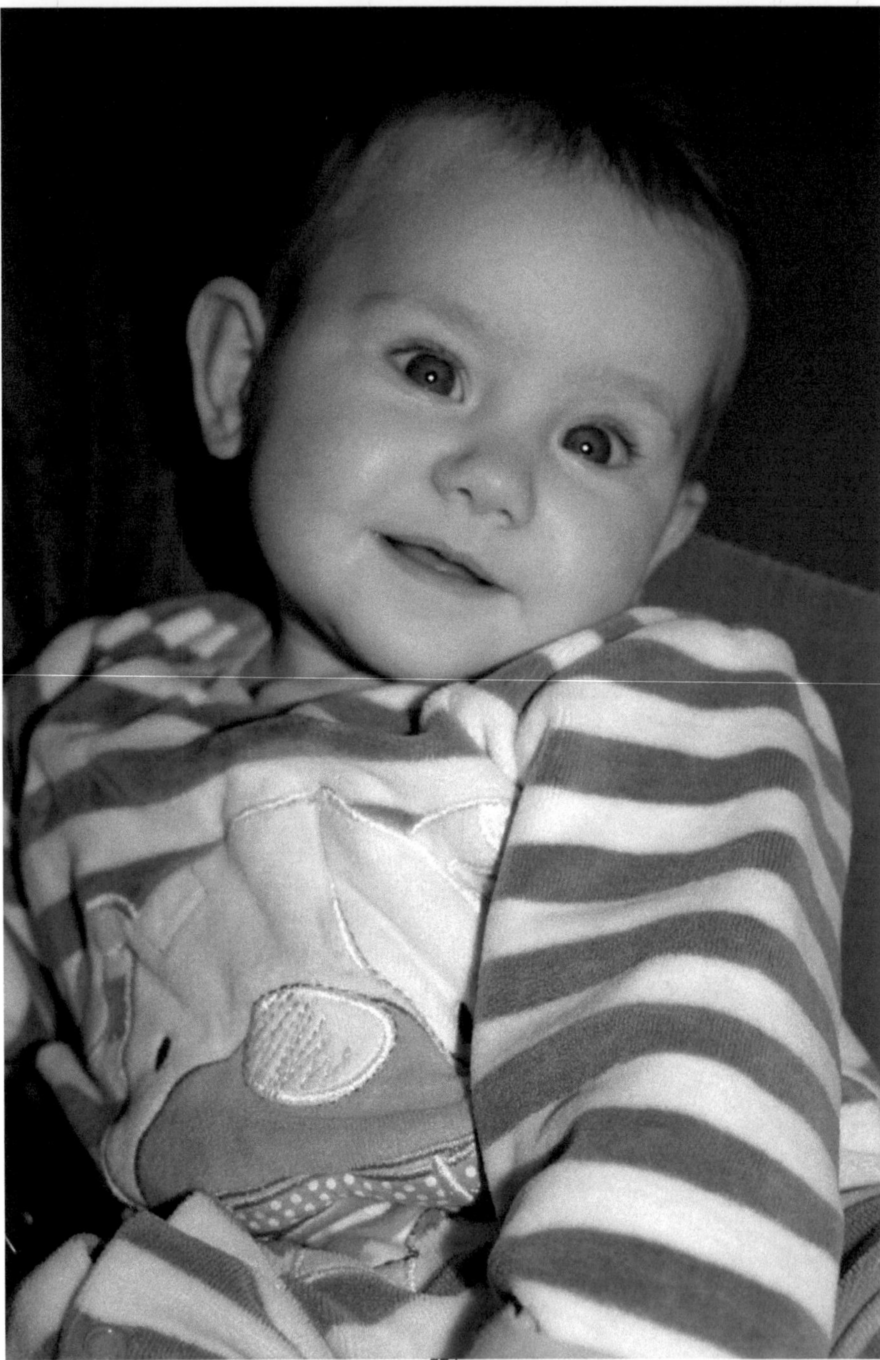

25. April 2014

Weißt du noch?

Was hat Weißt du noch? mit Leuchtstäben und Ostern zu tun?

Ich liebe Sätze die mit Weißt du noch? beginnen. Sie gehen meist einher mit entspannten Situationen. Vornehmlich am späten Abend. Vielleicht mit einem Glas Rotwein. In seltsamen Sitzpositionen- auf dem Boden, in der Hocke auf dem Stuhl, auf der Küchenarbeitsfläche.... Einfach weil wir zu faul sind und zu beschäftigt mit Erzählen, einen „ordentlichen“ Sitzplatz zu wählen.

Dieses Jahr war Ostern entspannt. So ganz ohne Aktionismus. Die Kinder haben furchtbar viele Filme geschaut. Herr Hempel und Theo hatten einen Männertag, Deetje war zur Freundin entschwunden. Und ich hatte das Glück zwei viel schlafende Kleinkinder zu haben und bin viel zum Nähen gekommen.

Herr Hempel war für das Essen zuständig. Und es gab unwahrscheinlich leckere Sachen, wie selbstgemachte Bratklopse und Lamm mit Backkartoffeln und Butterbohnen. Und Kuchen.

Wir sind also von einem Essen ins andere Gefallen und waren Ostersonntag noch am späten Abend papp satt, so dass unser Abendbrot gegen 22 Uhr stattfand. Quasi im Dunkeln. Beleuchtet von drei Teelichtern. Hilfreich waren da die drei von Theo gefundenen Leuchtstäbe, die wie im Sciencefiction Film bei Bedarf über das Essen gescannt wurden. Natürlich mit den passenden Geräuschen.

Gegen Mitternacht war das Essen beendet, die Kinder, vorher zum Fernseher entschwunden, schliefen auf Sesseln und Sofa ein... und wir waren noch immer am Erzählen.

Weißt du noch, vor 11 Jahren, am Abend vor der Jugendweihe, als du so furchtbar geweint hast? wurde ich von Herrn Hempel gefragt. Ungemütlich auf dem Stuhl sitzend, mit Rotwein in der Hand, im Dunkeln, beleuchtet von drei Teelichtern und einem Leuchtstab.

Ja, dass wusste ich natürlich noch. Das war, als es ein „uns“, aber noch kein „wir“ gab. Ich war damals völlig ratlos, überfordert und verzweifelt an meinem Muttersein und der Verantwortung für eine Familie. Von meinem familiären Umfeld bekam ich gesagt „Du machst zu viel mit dem Kind. Ein Kind braucht Ruhe und nicht so viel Gemache“.

Mein Herz und meine Seele verrieten mir ständig, dass es doch noch ein „mehr“, ein „anders“, vielleicht ein „besser“ geben könnte. Ich wusste nicht wie und schämte mich vor mir selbst, weil ich die freien Nachmittage nicht mit meinem 1,5jährigen Kind alleine verbringen konnte.

Heute, 11 Jahre später, mit dem besten aller Ehemänner, 4 Kindern, drei davon gemeinsam, einer BonusPatchworkfamilie dazu... sitze ich manchen Abend immer noch heulend auf dem Sofa mit einem Kind nörgelnd am Bein, eines brüllend auf dem Arm.

Verzweifelt auf das Chaos um mich herum blickend und der Gewissheit, dass der Wäscheberg im Schuppen schon wieder einen Meter hoch ist. Mit dem ständig im Kopf hämmernden Satz „Ich schaffe das nicht...ich schaffe das nicht...ich schaffe das nicht...“ Ich war so stolz, die Ordnung im Hause einigermaßen wiederhergestellt zu haben, die Wäsche gewaschen und verteilt... da gehen dann am Nachmittag die Türen auf und die Bande stürmt herein bzw. Wäsche wird mir vor die Füße geworfen.

Da frage ich mich oft „Wo zum Geier kommt das alles her? Die Kinder, die Wäsche...das ALLES?

Nach diesem Tief wird mir die Veränderung bewusst. Es sind nicht mehr die Kinder, sondern der ganze anfallende Alltagskram, der schlaucht. Vielleicht würde eine bessere Organisation helfen, das Chaos zu managen?

Das würde aber gleichzeitig noch viel mehr Regulierung bedeuten. Spielzeug nur noch an den Kinderorten, Kram gleich wegräumen, niemand lässt mehr was liegen. Sicher ist das wünschenswert. Aber mal ehrlich, wie oft muss etwas gesagt, gebeten und erinnert werden, bis es sich festigt.

Wir Großen wollen doch auch nicht ewig und immer nörgeln, meckern und nerven. Unser Haus sollte auch immer ein Ort des Leben-dürfens sein.

Wir versuchen es mit Aufgabenteilung und gegenseitiger Rücksichtnahme, was ja auch schon eine riesen Aufgabe ist bei zwei Pubertieren. Und gelegentlichen Heulattacken auf dem Sofa, wenn alles wieder aus dem Ruder läuft... das hilft auch mal.

Dafür ist Ostern auch gut, also nicht zum heulen. Aber alle sind da. Die Kleinen werden von den Großen bespaßt. Alleine die Anwesenheit des Partners und das Gefühl, den Alltag in seiner Profanität teilen zu können, lässt entspannt die Pflichten bewältigen und schenkt Zeit und Raum für viel Eigenes. Für jeden von uns.

Party, Besuch und das ganze Tamtam gehen hier im Moment eher nicht. Aber endlich wieder spät abends zusammensitzen, zu sechst oder zu zweit ist schön. Da ist wieder viel Platz für „Weißt du noch„ und den Geschichten und Gedanken meiner lieben Menschen, denen auch ich viel zu gerne zuhöre.

27. April 2014

Mama, guck mal!

Am gestrigen Sonnabend war wohl noch mal Ostern. Jedenfalls fanden der Wuschelkopf und Theo noch zwei Überraschungseier, die auch prompt auf der Hoftreppe geschlachtet wurden. Jedenfalls dem Abfallchaos nach, welches auf den Stufen verteilt lag.

Ich war gerade beim Wäsche aufhängen, als der Wuschelkopf neben mir stand, mir etwas in ihrer kleinen Faust entgegenhielt und rief: "Mama, guck mal! Das´ Greta!"

3. Mai 2014

Essen lernen

Wie ein kleiner dicker Spatz sitzt das Nachtauge auf seinem Stuhl und sperrt den Mund ganz weit auf. Dabei wippt und hüpft sie hektisch hin und her, dass ich befürchte, ihr den Löffel zu weit in den Mund zu schieben.

Über 7 Monate haben wir voll gestillt. Doch dann stopfte sich das Kleinste während unserer Mahlzeiten alles Mögliche in den Mund, so dass es jetzt abends Milchbrei gibt.

Wie unterschiedlich die Kinder doch das Essen lernen!

Noch vor über 10 Jahren wurde ganz genau nach Plan gefüttert. Kein Gramm durfte das Gewicht von den Perzentilen abweichen. Mit Anfang des 5. Monats wurde der Brei in den Mund geschoben und sowieso wurde das ganze EssProgramm strikt eingehalten.

Gegessen hat Deetje eigentlich immer alles und sehr gerne. Ich erinnere mich an Maiskörner, die dann einzeln wieder aus dem Mund befördert wurden. Gemüse war und ist noch nie des Großkinds Vorliebe gewesen. Gerade in den letzten Monaten denke ich manches Mal noch daran, dass ich als Mutter so viel „Sorgfalt" beim Essen aufbrachte, nur damit ab Krippenbeginn überwürztes Essen den Bauch meines Kindes malträtierte.

Bei Theo war das ganz einfach. Er hörte mit 8 Monaten einfach auf zu essen. Und wuchs trotzdem irgendwie. Es war schlicht eine Katastrophe. Im Urlaub saß er mit seinem Glas Wasser und einem trockenen Brötchen vor dem überladenen Buffet. Noch vor zwei Jahren wollte er zum Abendbrot nur 3 (drei!) Nudeln essen. Innerlich haben wir gestöhnt, ihn aber gelassen, wollten keinen Esskrieg forcieren und haben gehofft, dass das, was er tagsüber insgesamt zu sich nimmt, reicht, um leistungsfähig und gesund zu bleiben.

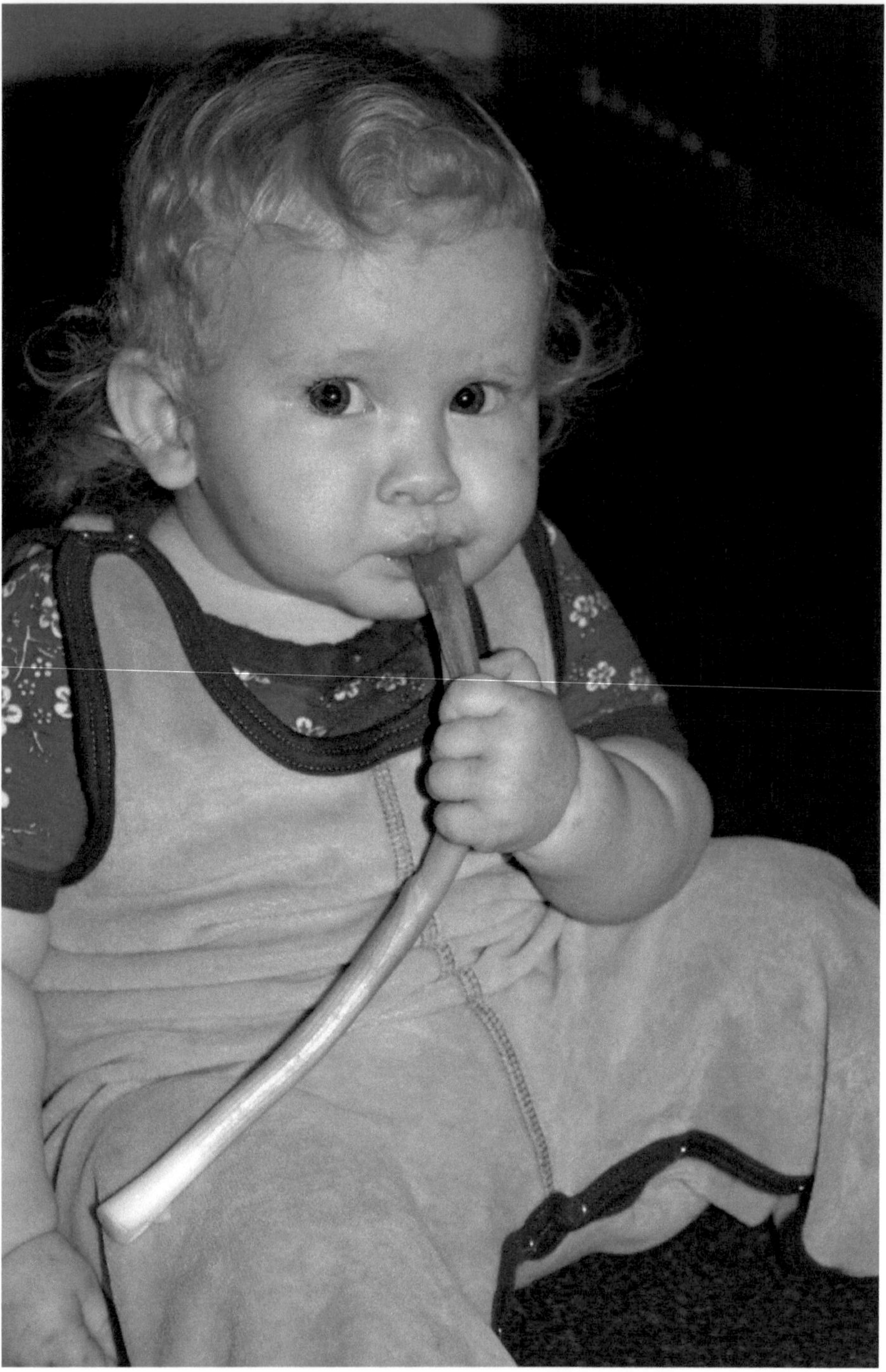

Seit einem Jahr nun hat er nun endlich richtig HUNGER! Er isst ausreichend viel und probiert nun auch fremde Nahrungsmittel.

Mina hat immer alles und von Anfang an vom Tisch mit gegessen. Das erste was sie aß, war mit 7 Monaten ein Stück Dönerfleisch. Sporadisch wurde es immer mehr und mehr. Lauchstangen, Knoblauch, Kürbissuppe mit Chili... Alles was wir aßen, forderte auch der Wuschelkopf ein. Selten, dass sie etwas verschmähte oder auch nicht vertrug.

Fertigmilch hat sie nie getrunken, Gläschen gab es nur, als sie schon weit über ein Jahr war und wenn es schnell gehen musste.

Theo hat mal irgendwann mit einer Mischung aus Erstaunen und Entsetzen festgestellt: „ Mama, DIE isst ja wirklich ALLES was auf ihrem Teller liegt!"

Wir versuchen, dieses auch bei Greta fortzuführen. Muttermilch so viel sie mag und nach ihrem Bedarf, abends Milchbrei und eine Auswahl vom Familienessen. Doch wie ich schon festgestellt habe, findet sie Gläschen nicht so schlecht. Das Probeglas Gemüsespaghetti war jedenfalls schnell alle. Noch letzte Woche stand ich mit dem Nachtauge vor dem Regal mit den Milchbreien und habe mich wie schon 2 Wochen zuvor über die eingeschränkte Auswahl geärgert. Bis ich mir fast vor den Kopf geklatscht hätte.

Honigschleim... Reisschleim...Grießbrei ohne Geschmack und Hirsepampe – alles für Kinder ab 4. Monat! Ich wollte wohl einfach nicht wahrhaben, dass Greta schon 8 Monate alt wird...

8. Mai 2014

on the road again

Der Wuschelkopf durfte/musste das erste Mal neben mir im Auto sitzen. Das sind dann ja auch gleich ganz andere Aussichten, als versteckt hinter den Vordersitzen und dunklen Scheiben dem Verkehrsgeschehen beizuwohnen...

Unsere Reise führte uns am Dienstag unter anderem zum Steuerberater an das Salzhaff. Die Strecke ist kurvig, manchmal leicht hügelig und meistens schlecht einsehbar. Aber landschaftlich recht idyllisch. Mina fand alles beeindruckend. Pferde, Kühe, Bäume, Sonne... vor allem die anderen Verkehrsteilnehmer, die uns teilweise recht sportlich entgegenkamen. Es wurde einfach ALLES kommentiert!

Anfangs war ich leicht irritiert, aber dann musste ich schon mal laut lachen: "Pass auf, Mama! Pass auf, Mama! Pass auf, Mama! Pass auf, Mama! Huuiiiiii, das macht Spaß! Ist das toll?!"

15. Mai 2014

Tagesstrukturen

Es scheint so, als wenn es hier Am Eichenbaum etwas ruhiger zugehen würde. Dem ist nicht so, hier sind gerade ganz andere Sachen am köcheln...

Der Blick in den Kleiderschrank der Mädchen hat mir verraten, dass sie momentan leider keine Klamöttchen mehr benötigen. Der Wuschelkopf wächst so langsam- die Sachen werden noch vom letzten Jahr aufgetragen. Und für die Grete ist auch noch so viel da...

Daher wird am Arbeitstisch einfach der SachenLaden gefüttert.

Mir fällt es schwer, die Produkte unauffällig in Posts zu platzieren, wenn hier die Tage recht vorhersehbar ablaufen und ich auch nicht so viel vom Alltag berichten kann.

Wenn hier nämlich nicht gerade Ferien sind, ist der Tag total durchstrukturiert und verläuft immer gleich. Das gibt Sicherheit und Verlässlichkeit für uns alle, und ist schon mal Vorbereitung auf den Kindergartenalltag für nächstes Jahr.

Dödel-Trödel-Tage sind ja mal total toll- aber irgendwie sind die Kinder dann auch völlig durch den Wind...

Mein Tag beginnt gegen halb acht mit einem lauten Lachen, Erzählgeräuschen und Patschhänden im Gesicht oder Geheul- je nachdem wie die Grete unter meiner Decke aufwacht.

Mina fragt mich jeden Morgen, gleich nachdem sie mit wirrem Haarschopf aus ihrem Zimmer schießt: "Mama, bist du woch? Also ich bin woch!"

Dann wird nach langen Diskussionen gefrühstückt. Wuschelkopf möchte immer Cocobatz (Schokolade, danke Herr Hempel!)- und ich nicht so...

Schorle aus dem einen bestimmten Becher und dann schließlich doch ein Wurstbrot.

Für mich gibt es einen Riesenkaffee- denn ich bin leider nicht immer "woch". Für die Grete gibt es Milch und Brotschnetzel zum durch lutschen.

Dann: aufräumen, Mittag essen, Mittagschlaf, warten auf die Großen, Fahrdienste, Spaziergänge, Außendienste, SachenLadenArbeiten, Kaffee, Diskussionen, Hausaufgaben, Abendbrotvorbereitung, Waschküche, Abendbrot, Bettverschickung, auf dem Sofa zusammenklappen... wie jeden Tag und völlig unspektakulär.

Naja, meistens. Denn eigentlich immer hilft Mina mir bei allem- und die hat so eine Herangehensweise an die Haushaltstätigkeit, bei der ich fast immer einen Herzkasper bekomme.

Da war zum Beispiel einmal das Wischen der Eiche-massiv-Treppe mit reichlich Wischwasser und einer ganzen Packung Popo-Öltücher...

Oder sie putzt die Toilette so unheimlich gerne. Mit Papier, viel Papier, und der Klobürste. So richtig mittenrein und weit drum herum.

18. Mai 2014

MädchenLiebe

Tja, wer jetzt über die Google-Suchfunktion hier hereinschneit, wird vielleicht enttäuscht sein...

Unsere beiden jüngsten Familienmitglieder werden von uns allen im Allgemeinen nur "die Mädchen" genannt.

Die Zeit der Ignoranz und des Bestaunens ist seit einigen Wochen vorbei. Der Wuschelkopf hat nun mitbekommen, dass das Nachtauge nicht mehr einfach so herumliegt, sondern sich jetzt eine feste und präsente Familienrolle, auch bei den Geschwistern, erobert hat.

Kein Lied, kein Gespräch an dem das Kleinste nicht teilnimmt. Und wehe, es wird ignoriert oder gar einfach irgendwo hingesetzt. Zum Beispiel in den Laufstall.

Der Laufstall wird für die Spielzeiten nun ziemlich oft genutzt. Das Spielzeug, welches Grete nun auch begeistert einfordert und eingehend bespielt, kann Mina nicht gut teilen. Allzu schnell und rüde wird es zurückerobert. Auch die Liebesbekundungen und Tobeversuche kommen nicht immer gut an.

Somit sitzt die Grete inmitten all der Schätze relativ sicher und kann das Familiengeschehen gut mit verfolgen. Mina umkreist das Gitter dann wie ein Hai und versucht "Das ist MEINS, Mama!!!" wieder heraus zu angeln.

Einmal zerrte sie so sehr durch das Gitter am Spielzeug, dass die Grete umfiel und weinte. Mein "Mina, nein! Nicht so grob!" ließ sie mit der Beute erst hinter die Gardine, dann unter den Tisch fegen. Dort wurde ich dann energisch aufgeklärt:

"Ich bin nicht Mina! Ich bin Greta! Das da ist Mina! Ich bin nicht böse!"

Sobald die Beute dann gesichert ist, wird sie auch fast an Ort und Stelle wieder fallen gelassen und vergessen. In diesem Fall hatte sich dann bis zum Abend unter dem großen Esstisch ein echtes Beutelager angesammelt gehabt.

20. Mai 2014

Der Duft unserer Kinder...

Könnt ihr euch noch an den Geruch eurer Kinder erinnern? Gerade geboren mit einer verwirrenden Mischung aus ganz neu und doch so vertraut?

Das ist wohl etwas, was wir nie vergessen. Genauso wie das erste Wort oder das Gefühl des kleinen Körpers in den Armen oder der kleinen Hand in der Deinen.

Deetje wurde in Sachsen geboren. Zufall oder nicht, der Geruch ihres Köpfchens erinnerte mich immer an Heimat. An den Geruch nach frisch gemähtem Feld, schwerer schwarzer Erde und das Salz der Ostsee.

Das Erste was ich an Mina wahr nahm, war der Duft nach Zitronenthymian, dem Babybad der Neugeborenenintensivstation. Er verwirrte mich und ich musste ihn erst behutsam nach und nach raus waschen- und dann war er da! Der Duft nach Zuckerwatte, Candis und Karamell. Bis heute. Unverwechselbar und tröstlich.

Die Entdeckung des GretaDuftes war spannend und gar nicht so einfach. Doch irgendwann waren wir uns einig. Macht mal eine Packung schwedisches Knäckebrot auf, das Dicke mit dem Loch in der Mitte... Und nur das. Greta duftet nach schwedischem Knäckebrot. Verlässlich, bodenständig, krachig.

Als Theo geboren wurde, war er ersehnt.
Es war ein heißer Tag, sonnig, nahezu grell, und beschwerlich.
Ein Gezerre um dieses Kind, welches so spät und unwillig war.
Und letztlich mit großem Getöse als Sternengucker auf die Welt ploppte.
Dieser Geruch nach Blut, Schweiß und Mann haftet ihm noch immer an.
Und lässt heute mehr denn je erkennen, welch ein Mann er werden mag.

Momentan uneins mit sich, mit uns und der ganzen Welt,
voller Zweifel was aus ihm werden mag,
so gar nicht bereit eine Familie je in Erwägung zu ziehen,
lässt er das typische schallende Lachen vermissen.

Stolpert in die Pubertät, will kuscheln und nicht berührt werden,
will wachsen und nicht groß werden,
will laut singen, wild tanzen, Wut und Freude herauslassen...
und traut sich nicht.
Der Blick so blau und ganz tief, das Kinn schon kantig.

Wenn dieser Post veröffentlicht wird, ist es 15.55 Uhr.

Seit genau 9 Jahren dürfen wir dich nun begleiten.

Ich bin so stolz auf dich.

Und für dich da. Immer und trotz allem.

Happy Birthday, Theo!

25. Mai 2014

Du lässt ja gar nichts mehr von dir hören!

Das ist mir der "liebste" Satz! Genauso wie

Du meldest dich ja gar nicht mehr!

Lebst du auch noch?!

Man hört ja gar nichts mehr von dir!!

Komm doch mal wieder vorbei bzw.

Du kommst ja gar nicht mehr vorbei!

So sehr mein soziales schlechtes Gewissen vorher auch schon rumorte, bei diesen Sätzen wird mir ganz anders. Das geht dann mehr so Richtung "dicker Hals".

Gerne rufe ich an, wenn ich dazu komme ein Telefonat zu führen, welches ohne Unterbrechungen geführt werden kann. Denn ehrlich, hier schreit, fordert und nörgelt immer jemand. Passen würde es mir super gegen 22.30 Uhr oder auch noch mal gegen 01.00 Uhr. Das Zeitfenster ist dann bis 3.00 Uhr offen... Da wollt ihr schlafen? Ja, ich eigentlich auch...

Vorbeikommen? Dienstag und Donnerstag ginge es. Die restlichen Tage sind verplant, mit Terminen und Fahrdiensten. Aber ein "wir können uns da ja mal treffen" hilft mir da auch nicht weiter... denn seltsamerweise sind diese beiden freien Tage gar nicht so frei...

Und mal ehrlich, bevor wir bei anderen vorbeikommen, würden wir uns darüber freuen, mal wieder bei uns selbst vorbei schauen zu dürfen... Ich hätte da noch zwei spannende Bücher... und ein tolles Schaumbad... Hier steht auch eine Gitarre zum spielen üben, Hausbauzeit wäre mal toll oder sogar ein wenig entspannte Familien- und Paarzeit…

Mittagsschlafzeit? Genau! Telefone die hier zwischen 12.30 Uhr und 14.30 Uhr klingeln, sorgen bei mir für einen erhöhten Pulsschlag. Denn an genau zwei Tagen (Dienstag und Donnerstag) können wir drei Mädchen eine ungestörte Mittagspause einlegen, ohne dass sie zu spät beginnt oder bereits nach 1 Stunde wieder beendet werden muss. Ich liebe diese Zeit. Entweder zum selber schlafen oder für meine Projekte.

Lebst du noch? Was sollte ich denn sonst tun? Ich lebe seit 2 Jahren 5 Monaten und 18 Tagen wie auf einem Rummelplatz. Unser Haus ist so voller Leben, dass selbst das stille Örtchen nur halbstill ist. Das stille Örtchen ist der Waschschuppen.

Mittlerweile finde ich es nämlich total entspannend vor dem Waschmaschinenfensterchen zu hocken und der Wäsche beim rotieren zu zuschauen. Und nein, dort steht weder ein Stuhl, noch ein Sessel und auch nichts anderes Gemütliches...zum Glück.

Mein Leben ist so voller Leben, dass ich ganz und gar davon erfüllt bin. Es ist mir eine Freude zu sehen, und zwar jeden einzelnen verdammten Tag, dass die kleinen Mädchen immer selbstständiger und verständiger werden. Frei und wild sind. Und die beiden Großen jeden Rückhalt bekommen, den sie in dieser fragilen Zeit benötigen.

Ich bin glücklich, dass der Wuschelkopf bei uns an seiner kleinen Küche steht und ganze versunken " Ich mach koch, Mama!" spielt und den Tisch dann für alle deckt. Oder die PuppenBabys bemuttert, ohne sie in Ecken zu knallen und zum Schlafen hinzuschmeißen oder sie wüst zu beschimpfen...

Sie weiß, wo sie all die "geklauten" Sachen versteckt hat. Kann konzentriert und ungestört ihre Spiele spielen. Wird weder geschubst, noch geschlagen oder malträtiert... und ich rede da nicht nur von Kindern.

Warum um alles in der Welt, sollte ich mir den Ratschlag zu Herzen nehmen, meine zweijährige Tochter auch ja an die Kandare zu nehmen und mir ja nicht auf der Nase herumtanzen zu lassen. Bevor sie auf meiner Nase tanzt, tanzen wir lieber zusammen durch das Haus und singen dazu laut und falsch.

Warum sollte sie in die Kinderkrippe gehen? Nur um auf andere Kinder zu treffen? Unser Rudel verlangt ihr ganz schön was ab. Drei verschiedene KinderAltersstufen und sechs verschiedene Bedürfnisse weisen sie ganz schön in ihre Grenzen.

Wir lernen gerade "Frust aushalten und Regeln befolgen". Aus der Kinderkrippen/gartenzeit unserer Großen habe ich nur noch in Erinnerung, dass es hier nur wenigen Erzieherinnen gelingt, wirklich professionell und empathisch auf Kinder zu zugehen. Was soll das Kind daraus also lernen?

Ich bin somit bestimmt nicht die beste Enkelin, Tochter, Freundin, Bekannte oder was auch immer. Ich stehe nicht immer zur Verfügung, bin bestimmt oft voller Zweifel, Ängste, Zickigkeit, schlecht gelaunt, überfordert, übermüdet, unlustig...

Aber mir gelingt auch jeden Tag das Kunststück mich durch sechs zu teilen. Ich schaffe es, dass jeder ein Küsschen, eine Umarmung, ein Wie-war-dein-Tag und ein Ich-hab-dich-lieb bekommt.

Ich wechsele die Windeln, ich schaufle Brei in Münder, ich fülle den Saft immer in die geforderten Tassen, Gläser oder Becher. Ich schmiere, belege und schneide das Brot nach immer neuen Maßstäben.

Ich fahre hin und her, ich versuche jeden Tag Essenswünsche zu erfüllen. Mir fällt auf, wenn das Heinzchen traurig guckt und freue mich, wenn es dem Großkind mal gelingt, stolz auf sich zu sein.

Ich bewundere Köstlichkeiten aus Wuschelkopfens Küche und die Baukreationen. Ich albere und herze laut mit dem Nachtauge und freue mich, wenn das Kleinste sich freut.

Ich versuche mit Herrn Hempel Erwachsenengespräche über Politik zu führen, nicht herumzulaufen wie der letzte Schlumpf und Verständnis für seinen Tag aufzubringen.

Ich teile mich durch sechs und mehr schaffe ich nicht. Oft genug schaffe ich nicht mal mich. Wir sind eine chaotische Großfamilie mit einem unperfekten Haushalt in einem Haus, welches gerne mit einem Fuchsbau verglichen wird und in dem es sich irgendwie immer nach Urlaub an fühlt. Wir finden, es könnte ordentlicher sein.

Und Herr Hempel? Der geht 50-55 Stunden die Woche auf Eigenes und damit auf Familienrisiko arbeiten, damit wir genau das erleben dürfen.

Jede Unternehmung wird hier sehr aufwendig. Daher sind wir oft unpünktlich. Wir brauchen 1 Stunde bis wir wirklich alle im Auto sitzen und sicher sein können, das niemand etwas vergessen hat. Das heißt, wir sind dann auch schon wieder einmal umgekehrt.

Wir sind sechs. Und jeder hat einen eigenen Kopf und fast jeder eine eigene Meinung. Das heißt auch, bevor hier irgendetwas losging, endete es meistens im Streit. Aber wir sind hier mittlerweile total kompromissfähig.

Bitte, liebe Verwandten, Freunde und Bekannten- fragt doch mal, wie es uns wirklich geht.

Und nicht, ob wir noch leben oder ob wir noch zu hören sind oder warum uns die Meldungen ausgegangen sind. Auch Ratschläge sind hier nicht willkommen, es sei denn sie werden erbeten.

Kommt doch einfach vorbei, auch ohne Ankündigung oder schlagt doch einen festen Termin für ein Treffen vor... Uns gibt es auch Einzeln. Mittlerweile sind wir die reinsten Planungskünstler. Es geht fast alles. Unmöglich sind nur Urlaube, spontane Unternehmungen in der Woche bis 19.00 Uhr, inklusive Einzeldates.

Das ist alles zu kompliziert? Ja, das finden wir auch...

Wir brauchen und schätzen euch sehr, hoffen aber auch auf euer Verständnis in einer Zeit, die wir brauchen, um als Familie mit nun vier Kindern zueinander zu finden.

Hier Am Eichenbaum wird nicht nur genäht, gebastelt und fotografiert- sondern, und vor allem, auch geliebt und gelebt... und das volle Kanne.

Besucher willkommen!

Glücksmomente

Morgens neben dem Nachtauge aufwachen und in tiefblaue Augen schauen, sofort mit einem Lächeln und einer ganzen Bandbreite an Lauten begrüßt werden. Und wenn dann noch eine Hand in meinem Gesicht landet...

Die ersten Morgenworte vom Wuschelkopf: „ Mama, bist du woch? Also, ich bin woch!" ... Ich leider nicht immer...

Mina singen und Grete erzählen zu hören.

Zu sehen, dass bei den beiden großen Kindern manche Dinge nun von alleine erledigt werden. Die Predigten wurden also erhört.

Von der größten Tochter in den Arm genommen zu werden, damit ich ihr einen Kuss geben darf.

Vom Sohn fest umarmt zu werden, der ganz leise fragt, ob wir denn noch kuscheln können. Und seine Hände zu halten, die für mich die Weltschönsten sind.

Wie Dagobert Duck auf meinen Stoffschätzen zu hocken und Zeit für das Nähen zu finden.

Gitarrenklänge aus der Küche zu hören.

Gemeinsam am Tisch zu sitzen, laut zu lachen, zu streiten und Geschichten erzählen die mit Weißt-du-noch? beginnen.

Herrn Hempel jeden Tag in meiner Nähe zu wissen. Und zwar jeden einzelnen Tag, ob er nun gut oder schlecht gelaufen ist. Und die Gewissheit zu haben, dieses auch niemals anders haben zu wollen.

Und die unbezahlbare Gewissheit, dass am Ende immer doch irgendwie alles gut wird.

Danke erst mal!

Genau das ist es, was ich empfinde, wenn ich durch zwei Jahre Blogger- Kreativ- und Familienleben streife.

Dank und Demut vor dem Leben, welches mich in Form meiner Lieben tagtäglich umgibt. Freude es doch irgendwie zu schaffen, Familie und Kreativität endlich leben zu können. In aller Intensität, mit allen Höhen und Tiefen- eben in der ganzen Bandbreite der Empfindungen.

Dankbar, schon vor so langer Zeit eine Freundin gefunden zu haben, mit der ich nicht nur auf eine ganz besondere Weise verbunden bin, sondern auch herrlich über das Leben philosophieren kann. Liebe lillyinheaven, danke, du hast mich in die Kreativität geschubst!

Freude darüber, mit Menschen, wenn leider auch nur virtuell, in Kontakt zu sein, mit denen ich mich austauschen kann, weil uns doch Gleiches verbindet. Die ich sonst nie getroffen hätte und die ich mittlerweile richtig gut leiden kann.

Einen Herzhopser haben mir die folgenden Worte einer Bloggerfreundin bereitet, weil sie das alles genau auf den Punkt bringen:

„Also Danke für den frischen Kreativwind an:

die liebe Antje vom Eichenbaum für das Gefühl, dass Familie irgendwann vielleicht etwas Machbares sein wird und man neben 27 Kindern trotzdem noch zum Nähen kommt."

Jenny von http://sanduhrdesign.blogspot.de/

Printed by Books on Demand GmbH, Norderstedt / Germany